Finance décentralisée 2022-2023

Stratégies de trading et d'investissement pour les débutants dans les crypto-monnaies et les NFT.

Edition 3.0

MAISON DES MÉDIAS DEFI
&
EDITIONS STELLAR MOON

Avis de non-responsabilité

Profiter du marché baissier ?

Le marché baissier est souvent considéré comme une période négative, où les investisseurs voient la plupart du temps leur investissement s'évaporer. La plupart des gens achètent au moment où l'euphorie est la plus forte, ce qui, rétrospectivement, est souvent le moins bon moment pour acheter. C'est précisément pourquoi le marché baissier est intéressant. L'euphorie a disparu, mais les opportunités sont toujours là !

Pendant cette période, vous avez la possibilité d'investir à un prix relativement bas et de consacrer votre temps et votre énergie à des développements intéressants, qui n'intéressent pas la plupart des gens à ce moment-là. Dans ce chapitre, vous découvrirez tout ce qui concerne le marché baissier, dans lequel je vous donnerai plusieurs conseils, afin que pendant un marché baissier vous puissiez tirer un avantage optimal de cette période difficile !

Qu'est-ce qu'un marché baissier ?
Sur les marchés traditionnels, on dit qu'un marché baissier se produit lorsqu'une baisse de 20% se produit. Les investisseurs crypto expérimentés se moquent de ces pourcentages, qui peuvent parfois se produire quotidiennement sur le marché crypto. Une baisse de 20 % ne dérange même pas de nombreux investisseurs en crypto, alors que le marché boursier, par exemple, crierait au meurtre bleu.

Il est donc difficile de donner une réponse sans équivoque à cette question. Quoi qu'il en soit, on peut parler de marché baissier lorsque le prix suit une tendance à la baisse pendant une période prolongée et que la confiance dans le marché est très faible. Ce pessimisme est causé par la chute des prix et la durée du marché baissier. En général, la plupart des investisseurs sont pessimistes quant à l'avenir de la crypto, donc dans ce cas, ils sont baissiers.

Sentiment pendant un marché baissier
Un marché baissier n'est pas la période la plus euphorique de votre vie. Cela se voit clairement dans le sentiment qui règne dans le cryptoland, où de nombreux investisseurs se retirent ou s'expriment négativement via les médias sociaux. La peur grandit parmi les investisseurs et de plus en plus de personnes se demandent si le marché va se redresser. Par peur, de nombreux investisseurs se retirent du marché, préférant vendre leur crypto à leur perte actuelle plutôt que de s'accrocher plus longtemps à leur investissement.

Pour tirer parti du sentiment, il est utile de noter ses propres émotions quelque part. Cela s'applique aussi bien aux périodes les plus haussières qu'aux périodes les plus baissières. Si vous vous retrouvez plus tard dans une situation similaire ou si vous reconnaissez des sentiments similaires, vous pouvez y réfléchir sur la base de vos tremblements antérieurs. Par exemple, ressentez-vous une grande peur après la capitulation du prix du bitcoin ? Cela s'est produit de nombreuses fois auparavant, vous pouvez donc mieux relativiser les émotions et le prix.

Avec ces conseils, vous passerez avec succès le marché baissier !
Pendant le marché baissier, il est très facile de se concentrer sur autre chose. Il y a beaucoup d'activités aventureuses, enthousiastes ou excitantes pendant cette période. Le marché des crypto-monnaies, où les prix baissent et où l'humeur de nombreux investisseurs baisse tout autant, est le moment où la plupart des gens aiment passer leur temps.

Pour vous assurer de pouvoir tenir le coup pendant cette période, nous vous proposons 7 conseils qui peuvent vous aider à rester concentré pendant cette période. En utilisant différentes stratégies d'investissement, vous pourrez découvrir quelle stratégie vous convient le mieux et comment l'appliquer !

1. Faites un plan
Les conseils suivants contiennent des activités spécifiques qui vous aideront à maximiser vos profits pendant un marché baissier. Mais le plus important est ce conseil : veillez à toujours travailler avec un plan. Vos activités seront ainsi mesurables et vous serez en mesure de constater les progrès réalisés, mais aussi les erreurs éventuelles. En outre, cela évite le FOMO, car votre plan vous sert de guide.

Dans votre plan, il est important d'expliquer en détail comment vous allez investir et ce que vous ferez des bénéfices. Ce faisant, il est également important que vous pensiez au calendrier. Un plan est utile à la fois pour le court et le long terme, mais un objectif est également important. En fin de compte, chaque investisseur a un motif qui l'a poussé à commencer à investir.

2. Arrêter vos pièces

Il se peut que vous ayez raté le coche lors d'une précédente hausse et que vous n'ayez pas été en mesure de vendre vos pièces à temps pour réaliser un bénéfice. Lorsque le cours baisse fortement, votre investissement est à l'eau. À très court terme, il y a peu de chances que vous fassiez des bénéfices sur ces pièces, mais vous pouvez les utiliser pour élargir votre portefeuille. En abandonnant vos pièces, vous vous assurez de recevoir plus de crypto en récompense. En particulier pour les crypto-actifs les moins risqués, comme le bitcoin et la plupart des stablecoins, cela peut être un moyen relativement sûr d'élargir votre portefeuille.

Une autre situation dans laquelle le jalonnement de crypto est utile est celle où vous décidez d'investir à long terme. Si vous avez acheté vos pièces et que vous avez décidé de les conserver pendant une période plus longue, le jalonnement de vos pièces est une option intéressante. Cela vous permet d'augmenter votre portefeuille, d'une manière similaire à l'épargne sur le compte d'épargne. Vous verrouillez votre investissement et recevez une rémunération pour cela. Cependant, les pourcentages en crypto sont beaucoup plus élevés ! Là où la banque ne donne que 0,1 % d'intérêts d'épargne, avec les crypto-monnaies vous pouvez frapper assez facilement avec 10 % comme récompense.

3. Gagnez de l'argent avec les NFT de différentes manières !

Avec les NFT, vous pouvez également commencer à gagner de l'argent de différentes manières. Vous pouvez le faire en achetant puis en possédant des NFT, qui vous rapporteront des pièces si vous les possédez. Un exemple de cela est la collection CyberKongz, où les détenteurs de NFT reçoivent 10 BANANA par jour. Il est donc possible de se constituer un revenu passif grâce aux NFT. En outre, la cessation des NFT est une option pour gagner de l'argent en ligne avec des jetons non fongibles.

Le jalonnement de vos NFT est un moyen relativement nouveau de faire travailler votre jeton unique Le jalonnement de NFT signifie que vous liez vos jetons non fongibles à une plateforme ou un protocole. En échange de cette action, vous recevez des récompenses sous forme de grève. De cette façon, vous pouvez gagner plus tout en restant le propriétaire du NFT.

Vous pouvez comparer cette méthode de jalonnement à l'agriculture de rendement, où les crypto-monnaies sont prêtées ou déployées à des fournisseurs de liquidités afin d'obtenir des récompenses via des intérêts ou des frais de transaction. Cette façon de gagner des intérêts est similaire à celle d'une banque, mais dans ce cas, il n'y a pas d'intermédiaire impliqué. La grève NFT appartient au monde financier décentralisé, alors qu'une banque est centralisée.

4. Investir dans les jeux "Play-to-Earn".

Cette astuce est peut-être le moyen le plus amusant de se préparer à des temps crypto meilleurs ! Grâce aux jeux de type Play-to-Earn (P2E), vous pouvez vous divertir tout en gagnant des crypto et des NFT. De cette façon, vous vous assurez instantanément qu'un marché baissier n'est pas forcément ennuyeux ! L'intérêt pour les crypto-monnaies diminue pendant un marché baissier et cela s'applique également à ces jeux. C'est exactement pourquoi il est utile de se constituer un portefeuille de jeux pendant cette période.

En investissant dans le bon jeu, qui, après des recherches appropriées, devrait prospérer pendant un marché haussier, vous pouvez commencer à jouer à des jeux P2E. Dans votre recherche, incluez la façon dont l'équipe communique, si les délais sont respectés, quelles options le jeu a à offrir et sur quelle blockchain le jeu est construit.

La blockchain peut être importante par rapport à l'adoption. Cependant, il existe aussi des jeux très connus qui ne sont pas construits sur Ethereum, par exemple. C'est le cas de DeFi Kingdoms, qui est construit sur la blockchain Harmony, mais qui est incroyablement populaire auprès de nombreux joueurs !

Les jeux P2E peuvent souvent être joués gratuitement, mais le moyen le plus lucratif est souvent d'acheter des NFT et de les déployer. Pour certains jeux, cela est obligatoire, ce que l'on appelle NFT-to-earn. Quelle que soit votre stratégie en matière de crypto-jeux, vous pouvez trouver des jeux intéressants sur n'importe quelle blockchain. De Crabada sur Avalanche à Aavegotchi sur Polygon !

5. Coût moyen en dollars (DCA).

Une façon courante d'investir dans la technologie blockchain est la méthode de la moyenne des coûts en dollars (méthode DCA). La méthode du coût moyen en dollars est considérée comme une stratégie utile par de nombreux investisseurs, y compris de nombreux investisseurs en crypto. Outre les crypto, cette méthode d'investissement est également très utile pour d'autres marchés, tels que les marchés boursiers, obligataires et des matières premières.

La caractéristique du DCA est qu'un investisseur va investir à un moment fixe pour un certain montant. Vous avez également prédéterminé l'investissement ou même la pièce de monnaie dans laquelle vous allez investir. En établissant un plan avant d'investir, vous vous assurez que vos émotions n'influencent pas l'investissement. Cela peut être très difficile sur le marché volatile des crypto-monnaies, vous pouvez donc éviter les erreurs inutiles grâce à la méthode DCA.

En outre, cette méthode d'investissement est très utile pendant un marché baissier. Lorsque votre intérêt pour l'investissement en crypto diminue, vous pouvez activer l'investissement automatique et ainsi continuer à investir silencieusement, et être agréablement surpris lorsque votre intérêt remonte également au cours d'un marché haussier.

6. Rechercher différents projets de crypto-monnaie
Il arrive souvent qu'un marché haussier soit relativement court, comparé aux marchés baissiers. Parce que les marchés baissiers sont souvent longs, vous pouvez utiliser le temps pendant un marché baissier pour faire de bonnes recherches sur différents projets crypto. Vous pouvez utiliser ce temps pour rechercher quelles sont les perles crypto qui vont faire tout le chemin pendant le prochain bull run !

Surtout pendant cette période, la recherche de projets est si importante, car vous pouvez réellement investir à bon marché pendant cette période. Par exemple, les investisseurs qui ont fait des recherches sur les différentes formes d'adoption de crypto en 2018 jusqu'en 2020 auraient pu lier ces informations à différentes niches. Qu'il s'agisse de CryptoPunks, de jeux à gagner ou de projets de crypto qui concurrencent l'Ethereum ; les investisseurs qui ont bien utilisé le précédent marché baissier ont pu en récolter les fruits dans les années qui ont suivi.

Ici, non seulement les projets existants sont intéressants, mais les nouveaux projets de crypto peuvent également être très intéressants. Cependant, les plans consistent souvent en un beau site Web et un livre blanc, les start-ups de crypto sont souvent un investissement très risqué, mais un risque élevé peut aussi signifier une récompense élevée.

7. Faites attention à l'appariement des CTB.
Lorsque le bitcoin entame un nouveau bull run, il est important de bien se positionner avec les bons altcoins. En plus de faire beaucoup de recherches et d'avoir une bonne répartition entre les pièces risquées et les pièces moins risquées, vous pouvez également garder un œil sur le couplage BTC d'un altcoin.

Si toutes les monnaies alternatives ont connu une chute brutale de leur valeur en dollars, mais que certaines pièces ont connu une chute beaucoup moins brutale de leur valeur en BTC, cela peut potentiellement créer des opportunités. Lorsque le bitcoin augmente, ces pièces peuvent également augmenter très fortement. La valeur en dollars donne une image déformée dans ces cas-là. Cependant, la plupart des investisseurs ne regardent que la valeur en dollars, mais pas la paire de BTC.

Mais qu'est-ce que la paire BTC ? Vous avez probablement consulté le graphique Bitcoin, où le bitcoin est opposé au dollar américain ou à l'euro. Dans ce cas, vous parlez de BTCUSD ou de BTCEUR comme d'une paire. Lorsque vous recherchez des altcoins qui sont en meilleure forme que la valeur du dollar ne le suggère, dans le cas de Polkadot par exemple, vous recherchez DOTBTC, au lieu de DOTUSD.

Le marché baissier est la période la plus ennuyeuse du marché. Il n'y a pas d'euphorie, de moins en moins de personnes parlent du marché et la sociabilité a été remplacée par les pleurnicheries et la négativité. En particulier pendant cette période, il est important de ne pas perdre la tête, car ce sont les moments où vous pouvez investir favorablement. Cependant, l'investissement doit toujours être fait avec un plan et une recherche appropriée !

Les conseils ci-dessus ont pour but de montrer que, dans un marché baissier, vous pouvez réaliser des bénéfices ou développer votre portefeuille de différentes manières, afin d'être préparé de manière optimale lorsque le prix remontera. Vous pouvez utiliser plusieurs conseils, mais surtout pour les amateurs de crypto novices, il est sage de ne pas s'engager dans trop de choses différentes. La vue d'ensemble est

Importante, ce qui est très difficile à trouver dans l'ouest sauvage de l'industrie de la blockchain.

Table des matières

Votre livre GRATUIT

Si vous voulez faire un début profitable dans le monde des crypto-monnaies, assurez-vous de télécharger notre bonus gratuit avec **12 conseils extrêmement précieux pour les débutants !**

Avec ce livre et ces conseils, vous êtes assuré de prendre un bon départ dans vos futurs investissements !

Inscrivez-vous ici pour obtenir un accès instantané et lancer votre succès en crypto :

https://campsite.bio/stellarmoonpublishing

ESSENTIAL
TRADING TIPS
2021-2022
12 VALUABLE
TRADING TIPS
FOR BEGINNERS
Stellar Moon Publishing

Notre cours Crypto Expert Trading

Vous cherchez une nouvelle façon d'investir ?

Vous cherchez à gagner de l'argent ?

Vous souhaitez investir mais ne savez pas par où commencer ?

Vous voulez commencer votre trading de crypto avec les connaissances d'experts réputés en finance et en investissement ?

Le cours Expert Trading crypto est le cours le plus complet sur le trading et l'investissement avec les crypto-monnaies. Vous apprendrez à trader en seulement quelques minutes par jour. Nous vous enseignons tout, de l'analyse technique à la gestion des risques, et bien plus encore.

Notre objectif est de vous aider à devenir un trader performant afin d'assurer votre avenir financier.

Investir n'a jamais été aussi facile grâce à notre plan d'action étape par étape qui enseigne aux débutants comment trader comme un expert - avec la possibilité de réaliser d'énormes profits !

La meilleure partie de ce cours est enseignée par des experts. Alors, qu'attendez-vous ? Commencez dès aujourd'hui !

Pour plus d'informations, consultez ce lien :

https://payhip.com/b/ork8N

Nos livres

Consultez notre autre livre pour en savoir plus sur les NFT, le trading et la vente de NFT, comment faire des bénéfices et les conseils et stratégies essentiels pour un démarrage sans faille dans l'univers des NFT.

Rejoignez le cercle exclusif d'édition Stellar Moon, vous obtiendrez un accès instantané à **12 astuces Crypto extrêmement précieuses** !

En outre, vous bénéficierez d'un accès instantané à notre liste de diffusion avec des mises à jour de nos experts chaque semaine !

Inscrivez-vous ici dès aujourd'hui :

Coût moyen en dollars (DCA) ?

Lorsque l'on négocie des crypto-monnaies, il est souvent important de suivre une stratégie. Une stratégie vous permet de vous en tenir à un plan que vous avez déterminé au préalable. Il est ainsi plus facile de faire face aux situations inattendues, aux émotions et aux fluctuations de prix.

Ce à quoi ressemble une telle stratégie, peut bien sûr être décidé par chacun. De nombreux traders de crypto-monnaies élaborent leur propre stratégie qui leur convient le mieux. Il est également possible d'utiliser une stratégie qui a déjà été imaginée par quelqu'un. Une stratégie que vous pourriez rencontrer dans ce cas est le Dollar Cost Averaging.

Le Dollar Cost Averaging, abrégé en DCA, est une stratégie d'investissement qui peut être utilisée par tous les types de traders. Cette stratégie peut rendre l'investissement dans les crypto et autres produits financiers beaucoup plus facile. Vous pouvez lire ci-dessous ce qu'est le Dollar Cost Averaging, comment il fonctionne et par qui cette stratégie peut être utilisée au mieux.

Qu'est-ce que le système d'achats périodiques par sommes fixes (DCA) ?
Le Dollar Cost Averaging est une stratégie d'investissement utilisée par un grand nombre de crypto traders. D'ailleurs, pas seulement par les crypto

traders. Le Dollar Cost Averaging est en fait une technique incroyablement ancienne utilisée par toutes sortes d'investisseurs. Vous pouvez également utiliser cette tactique lorsque vous souhaitez investir dans des actions, des obligations, des ETF, des métaux précieux, etc.

Le système d'achats périodiques par sommes fixes consiste à investir un montant prédéterminé à un moment donné. Vous le faites dans un produit d'investissement prédéterminé. Cette façon d'investir vous permet de ne pas être influencé par les émotions, les hausses et les baisses de prix.

L'idée derrière le Dollar Cost Averaging est que le prix va progressivement augmenter sur une longue période de temps. Vous achetez des crypto-monnaies à différents moments : pendant les périodes où le prix est bas et pendant les périodes où le prix est élevé. En investissant à différents moments, le montant d'argent que vous avez investi sera la moyenne de tous ces différents moments d'achat.

Quel est le meilleur moment pour acheter ?

Le Dollar Cost Averaging est une stratégie que vous appliquez sur le long terme (au moins quelques années). Vous pouvez décider de la fréquence à laquelle vous fixez un moment d'achat. Dans de nombreux cas, les gens utilisent le Dollar Cost Averaging en investissant mensuellement ou trimestriellement.

Choisir un produit à l'avance

Il est important de choisir au préalable un produit dans lequel investir, et de ne pas l'abandonner. Le principe du Dollar Cost Averaging est que vous investissez une partie de votre capital dans le même produit sur une longue période, de sorte que vous aurez payé le prix d'achat moyen.

Exemple de DCA

Tim aimerait investir son argent dans des crypto-monnaies, car il pense qu'ainsi, il peut prendre plus de valeur que s'il était sur son compte bancaire. Cependant, il n'a aucune connaissance des crypto-monnaies. Il décide donc d'investir 150 dollars en bitcoins chaque mois. Après tout, il peut facilement épargner 150 dollars même s'il les perd, et le bitcoin est la crypto-monnaie la plus importante et la plus utilisée.

Par conséquent, cette crypto-monnaie semble la plus sûre pour lui.

Le 25 du mois, son salaire est déposé sur son compte bancaire. Il choisit donc que 150 dollars soient automatiquement débités le 26 du mois, afin qu'il ne puisse pas dépenser cet argent à l'avance. Cet argent est ensuite utilisé pour acheter automatiquement des bitcoins.

Après un an, Tim a acheté 12 fois des bitcoins aux prix suivants :

Janvier - 30 000
Février - 28 000
Mars - 21 000
Avril - 22 000
Mai - 26 000
Juin - 31 000
Juillet - 39.000
Août - 40.000
Septembre - 38.000
Octobre - 55 000
Novembre - 61 000
Décembre - 64.000

Le prix moyen payé par Pim est de 37 916. Lorsque Pim décide de vendre ses bitcoins après 12 mois, il a réalisé un rendement moyen de 68,8 % sur son investissement, sans avoir aucune connaissance sur les crypto, ni passer du temps à acquérir des connaissances ou à effectuer des recherches.

À qui s'adresse le DCA ?

Tout le monde peut tirer parti du système d'achats périodiques par sommes fixes. Il existe plusieurs situations dans lesquelles il peut être judicieux de recourir aux achats périodiques. Considérez les situations suivantes :

Investisseur novice sans connaissances.

Les personnes qui ont peu ou pas de connaissances en matière d'investissement ont souvent du mal à déterminer les moments d'achat et de vente.

Cependant, elles aimeraient profiter des rendements potentiels. C'est pourquoi le DCA est une stratégie populaire parmi les investisseurs novices.

Investisseur sans temps.
Si vous avez les connaissances, mais que vous n'avez tout simplement pas le temps de rechercher de nouveaux actifs et les meilleurs moments pour acheter et vendre, le DCA peut être une stratégie qui vous convient. Vous ne devez pas perdre de temps lorsque vous utilisez le Dollar Cost Averaging.

Investisseur qui veut se disperser. Vous pouvez réduire le risque de perdre de l'argent en ne mettant pas votre argent sur un seul cheval. Cela s'applique également aux stratégies que vous suivez. Lorsque vous utilisez différentes stratégies, vous réduisez le risque de perdre de l'argent lorsqu'une stratégie ne semble pas fonctionner.

Nous constatons souvent que les investisseurs novices utilisent le DCA. Cela s'explique par le fait qu'ils n'ont pas encore suffisamment de connaissances pour effectuer des recherches sur certains actifs. Dans certains cas, ils n'ont pas non plus le temps, mais sont tout de même désireux de profiter des rendements qu'ils peuvent obtenir.

En outre, de nombreux traders de crypto expérimentés choisissent d'utiliser le Dollar Cost Averaging. En effet, cette stratégie peut être utilisée comme une diversification de portefeuille. En utilisant différentes stratégies, vous réduisez le risque de perte de richesse. Si une stratégie ne fonctionne pas, vous pouvez toujours vous rabattre sur l'autre stratégie.

Comment utiliser le Dollar Cost Averaging dans le trading de crypto ? Un plan étape par étape !

Vous savez maintenant ce qu'est le Dollar Cost Averaging et pourquoi il peut être si utile de l'utiliser. Vous avez peut-être encore des questions sur cette stratégie, dont la prochaine pourrait être : comment utiliser le Dollar Cost Averaging dans le trading de crypto ?

Je vous expliquerai ce que vous devez faire avant de pouvoir commencer à acheter des crypto-monnaies selon la méthode DCA, après quoi je vous dirai sur quelles plateformes vous pouvez le mieux utiliser le Dollar Cost Averaging.

Préparation

Décidez de la fréquence à laquelle vous souhaitez investir. La plupart des gens choisissent d'effectuer un investissement mensuel. Nous voyons aussi des gens qui le font trimestriellement. Assurez-vous que cela ne dépasse pas un trimestre, ou l'idée derrière l'étalement sera perdue.

Décidez du montant que vous souhaitez investir. Bien sûr, chacun peut investir un montant différent. Par conséquent, examinez attentivement le montant que vous pouvez investir sur une base mensuelle/trimestrielle. N'oubliez pas que vous pouvez perdre l'argent. Par conséquent, n'investissez pas de l'argent que vous ne pouvez pas manquer.

Décidez de la crypto-monnaie que vous souhaitez acheter. Il est important de choisir une crypto-monnaie dans laquelle vous avez confiance à long terme. De nombreuses personnes choisissent le Bitcoin (BTC) ou l'Ethereum (ETH) parce que ce sont des blockchains et des crypto-monnaies bien établies. Sur la base de la capitalisation boursière, ce sont les deux plus grandes crypto-monnaies au monde.

Déterminez comment vous allez exécuter le DCA. Vous pouvez exécuter le DCA de deux manières différentes :

- L'investissement manuel. Il s'agit d'effectuer les achats manuellement.
- Investissement automatique. Cela signifie qu'une plateforme effectuera automatiquement les achats pour vous.

Sur quels marchés et courtiers de crypto-monnaies pouvez-vous exécuter des DCA automatiquement ?
Un certain nombre de bourses de crypto-monnaies et de courtiers vous donnent la possibilité de configurer des achats automatiques. Vous indiquez alors à quelle fréquence vous souhaitez qu'une certaine crypto-monnaie soit achetée automatiquement.

Bitvavo.

Sur la plateforme de Bitvavo, vous ne pouvez pas utiliser une fonction spéciale de DCA, mais il est possible de faire transférer de l'argent automatiquement. Vous pouvez en savoir plus à ce sujet ici.

Coinceur.
Le courtier en crypto-monnaies Coinmerce vous offre la possibilité de mettre en place des ordres répétitifs.

Binance.
Vous pouvez également passer un ordre répétitif chez Binance pour appliquer le DCA. Vous pouvez lire ici comment le faire.

Le plus grand avantage est que vous n'avez pas besoin de passer du temps à acheter des DCA vous-même lorsque cela est fait automatiquement par la bourse/le courtier en crypto-monnaies que vous utilisez.

Les avantages et les inconvénients du DCA
Vous trouverez ci-dessous les principaux avantages et inconvénients du système d'achats périodiques par sommes fixes (DCA).

Avantages

Négocier sans émotions.
Si vous achetez toujours un certain actif au même moment, vous ne serez pas influencé par les émotions et vous courrez donc moins de risques.

Facile à utiliser.
Il n'est pas difficile d'appliquer la DCA.
De nombreux échanges et courtiers offrent même la
possibilité de le mettre en place, afin que vous n'ayez
pas à acheter manuellement un actif.

Pas besoin de temps ni de connaissances.
L'application du DCA vous permet d'investir dans des
crypto, des actions ou d'autres produits sans avoir à
investir du temps pour faire des recherches sur ces
actifs.

Il n'est pas non plus nécessaire d'avoir beaucoup de
connaissances préalables, car avec le DCA vous n'en
avez pas besoin.
Augmentation stable à long terme.
Lorsque vous utilisez le DCA, il y a de bonnes chances
que la valeur de votre investissement augmente
régulièrement à long terme.

Inconvénients

Aucune garantie de retour positif.
Malgré le fait que le DCA soit une stratégie populaire et
que de nombreuses personnes indiquent qu'elles
obtiennent un rendement positif grâce à cette stratégie,
il ne s'agit bien sûr pas d'une garantie de réaliser un
profit. Par conséquent, n'oubliez pas que vous pouvez
également perdre de l'argent avec le DCA.

Des bénéfices moindres.
Si vous utilisez le DCA comme stratégie, vous achetez également un actif à des moments où le prix est élevé.

Par conséquent, à court terme, vous ferez moins de bénéfices que lorsque vous achetez un actif lorsque le prix est le plus bas possible.

Le Dollar Cost Averaging est une stratégie populaire parmi les traders de crypto. Cependant, cette stratégie n'est pas utilisée pour la première fois sur le marché des crypto-monnaies. Le Dollar Cost Averaging est également une forme d'investissement populaire parmi les traders d'actions, d'obligations et de métaux précieux.

Le Dollar Cost Averaging consiste à investir une somme d'argent fixe dans un actif particulier à des moments prédéterminés. Dans le cas des crypto-monnaies, cela signifie, par exemple, que vous investissez 100 euros dans le bitcoin tous les 25 du mois. De cette façon, vous payez toujours le prix moyen et n'êtes pas affecté par les émotions et les fluctuations de prix.

Le DCA peut être utilisé par les personnes qui n'ont pas le temps de faire des recherches sur un actif. Mais de nombreux traders avancés sont également fans du Dollar Cost Averaging. En effet, il sert également d'outil de diversification. En répartissant sur différentes stratégies, vous courez moins de risques de perdre des mises.

Réflexivité du marché

La réflexivité du marché est un terme issu de la sociologie qui est également largement utilisé dans le monde économique. Sa définition est étroitement liée aux niveaux de prix et au sentiment du marché. George Soros est un grand nom dans le domaine de la théorie de la réflexivité, c'est pourquoi nous abordons également son opinion dans ce chapitre. En vous instruisant sur les questions financières, vous pouvez en tirer profit. Après tout, l'analyse technique et la compréhension des bases fondamentales constituent le fondement d'un bon trader.

Dans la seconde moitié du chapitre, je vous dirai ce que la réflexivité a à voir avec le marché des crypto-monnaies, alors lisez bien ? Ah oui, juste un petit conseil : réfléchissez toujours soigneusement à vos propres investissements et décisions, car je ne donne pas de conseils financiers. Ne suivez pas aveuglément les autres et fiez-vous à vos propres découvertes, théories et expériences. De même, n'investissez pas d'argent que vous ne pouvez pas vous permettre de perdre, même si le marché semble en bonne santé. Dans ce chapitre, vous apprendrez pourquoi il n'est pas sage de suivre aveuglément les hausses de prix...

Que signifie la Réflexivité du marché ?
La Réflexivité du marché est la même chose que la réflexivité du marché. Il s'agit d'un terme issu de la sociologie, mais qui est également pertinent dans le

monde économique. Dans le monde de la finance, George Soros est un prédicateur de ce terme, alors plongeons d'abord dans qui il est réellement et pourquoi ses vues sont importantes pour le marché financier. Et, bien sûr, le marché des crypto-monnaies en particulier !

Qui est George Soros ?

George Soros est un homme d'affaires américain et un philanthrope reconnu. Il s'est inspiré de Karl Popper (1957), qui a écrit le livre "The Poverty of Historicism". Avec une valeur nette de près de 9 milliards de dollars, il est très riche, bien qu'il fasse don d'une grande partie de sa fortune à des œuvres caritatives. Le meilleur homme est devenu connu comme "l'homme qui a cassé la banque d'Angleterre" et est toujours connu comme une légende dans le monde des investissements. Il est également connu pour son livre "L'alchimie de la finance", qu'il a écrit en 1987 mais réédité il y a quelques années.

Le 16 septembre 1992, il a détruit à lui seul la Banque d'Angleterre. L'essentiel de l'histoire est qu'il a profité du système monétaire européen pour mener une attaque spéculative. À l'époque, il y avait une dévaluation dans l'économie (dépréciation intentionnelle d'une monnaie par rapport à une autre). Soros s'est dit qu'une attaque spéculative majeure obligerait le pays à quitter le système et à dévaluer sa monnaie.

George Soros contre la réflexivité du marché

Mais qu'est-ce que George a à voir avec la réflexivité du marché ? Les théories économiques, selon Soros, sont invalidées par la réflexivité. Il estime que si les prix du marché devraient tendre vers l'équilibre, la réflexivité fait en sorte que cela ne se produise pas, ou :

Dans les situations où les participants réfléchissent, leur vision du monde est toujours partielle et déformée... Ces visions déformées peuvent influencer la situation à laquelle elles se rapportent car des visions erronées conduisent à des actions inappropriées. ...Il est généralement admis que la complexité du monde dans lequel nous vivons dépasse notre capacité à l'appréhender. Confrontés à une réalité d'une extrême complexité, nous sommes obligés de recourir à diverses méthodes de simplification.

En gros, cela revient à dire que ce qu'est notre réalité individuelle ne correspond pas du tout à ce qu'est la vraie réalité. Nous avons tous une vision unique du monde et, de ce fait, nous ne voyons jamais à 100 % la situation objective réelle. Cela signifie donc aussi que les investisseurs agissent en fonction de leurs propres perceptions, influençant ainsi la réalité. Cette réalité inclut la direction du marché. À travers la perception des investisseurs, ils sont eux-mêmes également influencés. Étrange, n'est-ce pas ?

Selon M. Soros, ces actions et réactions nous placent dans une boucle de rétroaction, qui déconnecte les prix et les événements du marché de la réalité.

Plongée dans la réflexivité

Ainsi, comme décrit ci-dessus, la théorie de la réflexivité concerne le fait que les investisseurs prennent leurs décisions non pas en fonction de la réalité, mais de leur perception de la réalité. Ainsi, ils cadrent leur réalité, prennent une décision et effectuent des actions. De ces actions découlent des perceptions, qui ont un impact sur la réalité. En conséquence, les prix sur le marché changent, ce qui modifie la réalité aux yeux des investisseurs.

Selon George Soros, ce processus s'auto-renforce et est à l'origine du déséquilibre des prix sur le marché. Selon l'investisseur, la situation économique actuelle est un exemple type de cette théorie : la hausse des prix de l'immobilier entraîne une augmentation du nombre de prêts hypothécaires, qui entraîne à son tour une hausse des prix. Résultat : on forme massivement une bulle après l'autre jusqu'à ce qu'elle s'effondre. Vous pouvez deviner le résultat : une crise financière, comme la Grande Récession entre 2007 et 2009.

Bien que l'hypothèse standard soit un équilibre économique associé à une attente rationnelle, Soros la contredit. Un prix d'équilibre, selon la plupart des modèles économiques, est obtenu par l'offre et la demande. Selon l'économiste moyen, lorsque l'on s'attend rationnellement à une baisse de la demande, le prix diminue. À l'inverse, le prix augmente lorsque la demande augmente ou lorsqu'il y a pénurie.

George Soros n'est pas tout à fait d'accord avec cela, estimant que la réflexivité perturbe cet équilibre. L'évolution des prix n'est jamais figée, et si nous continuons à prendre des décisions sur la base de ce que nous considérons comme notre réalité, alors un écart toujours plus grand se crée entre la réalité et le niveau des prix du marché. La boucle de rétroaction mentionnée précédemment provoque un écart entre les prix et les attentes. Lorsque quelque chose change dans l'économie, un ajustement positif a lieu par le biais de la boucle de rétroaction. Une boucle de rétroaction négative maintiendrait le marché en équilibre, mais la réaction normale ne se produit pas. Par conséquent, l'équilibre économique disparaît jusqu'à ce que les participants au marché se réveillent et constatent que la réalité est déconnectée des prix du marché. La tendance s'inverse alors temporairement, mais George Soros ne considère pas cela comme une boucle de rétroaction négative.

La réflexivité sur le marché des crypto-monnaies
D'accord, nous avons maintenant établi une base assez large du concept, mais quel est le rapport avec la scène cryptographique ? Les crypto-monnaies sont encore jeunes, et le marché connaît encore de violentes fluctuations : c'est ce qu'on appelle la volatilité. En outre, en tant que crypto-enthousiastes, nous souffrons

constamment de FOMO et découvrons toujours une nouvelle perle quelque part, n'est-ce pas ?

L'actualité donne souvent l'impression que l'ensemble du marché cryptographique dépend des développements autour du bitcoin (BTC), mais si vous avez un peu de connaissances, vous savez que c'est de la pure ignorance. À mesure que le marché mûrit, l'approche se développera en même temps que cette maturité. Parce que le marché est si jeune, il est sujet à des fluctuations assez rapidement. Ces fluctuations sont causées par des événements sur le marché, qui entraînent une réaction négative ou positive de la crypto.

Développements autour du Bitcoin

Le fait que le bitcoin (BTC) soit considéré comme une révolution financière a un grand impact sur sa réflexivité. Des expressions telles que "le bitcoin est instable et ne deviendra jamais un moyen de paiement sérieux" affectent également le marché. En effet, dans les deux cas, il ne s'agit pas de faits réels, mais d'événements sentimentaux. En fait, ces déclarations ont un impact majeur sur l'action du prix entourant la pièce. Nous sommes massivement en faveur du bitcoin parce que la pièce fait un bond et fait l'objet d'une actualité positive ? Alors la popularité augmente et le prix aussi. Si le prix s'effondre, comme c'est le cas à l'heure où nous écrivons ces lignes (mai 2022), alors beaucoup de gens vendent et la pièce s'en va pour la somme proverbiale.

L'évolution du prix du bitcoin est pertinente pour l'ensemble du marché cryptographique, car il s'agit d'un actif influent. Bien sûr, c'est principalement parce que le marché est jeune et que beaucoup de gens ne savent presque rien du marché et de ses possibilités. Ce faisant, les altcoins suivent souvent le prix du bitcoin, ce qui en fait essentiellement une prophétie auto-réalisatrice. Par exemple, de nombreuses personnes ont également prédit que le prix du bitcoin atteindrait 200 000 dollars d'ici à la fin de 2021, ce qui, comme nous le savons, ne s'est pas produit. Pire encore, nous avons connu une baisse assez importante.

Bitcoin et la boucle de rétroaction

À en juger par les variations de prix au cours des dernières années, vous pouvez très bien voir comment la réflexivité du marché fonctionne en pratique. En 2020 et 2021, il y avait un marché incroyablement haussier, ce qui signifie que le prix était en hausse et plus élevé que la normale. Les choses allaient incroyablement bien sur le marché de la crypto jusqu'à ce qu'Elon Musk annonce que le bitcoin n'était plus accepté comme moyen de paiement chez Tesla. En outre, le minage n'était plus autorisé en Chine, ce qui a changé le sentiment sur le marché.

Les prix ont chuté et des tensions ont régné sur le marché des crypto-monnaies. La panique a poussé de nombreuses personnes à mettre leurs pièces en vente. Cela a conduit à une panique encore plus grande l'année dernière, nous faisant sombrer à un niveau historiquement bas. Actuellement, le bitcoin (BTC) est tombé à 27k, laissant de nombreux investisseurs dans l'attente d'une autre hausse des prix et d'une certaine perspective sur le marché. Vous voyez donc qu'un marché réflexif est inconstant et excitant, ce qui a de lourdes conséquences pour les consommateurs.

À propos, une autre chose qui affecte le prix du bitcoin est sa valeur fortement gonflée et le fait que les gens en sont venus à considérer le bitcoin comme un magasin de valeur (SoV). On l'appelle aussi "l'or numérique" en raison de la valeur que ses propriétaires détiennent. La relation entre les deux perceptions fait que le prix est poussé à la hausse, ce qui entraîne une réflexivité.

Malgré le fait que la réflexivité soit un terme fondamentalement sociologique, nous opposons ce terme au marché économique dans ce chapitre. Qu'est-ce que la relation de cause à effet a à voir avec le marché financier et comment le prix s'ajuste-t-il à ces fluctuations ?

En un mot, la réflexivité est l'effet d'auto-renforcement du sentiment du marché, qui entraîne un resserrement des prix en raison de la perception des investisseurs, jusqu'à ce que le processus devienne insoutenable. George Soros est un grand nom qui est largement associé à cette définition. Il donne un bon exemple basé sur le marché immobilier actuel. Les prix des logements augmentent > davantage de logements sont vendus et des prêts hypothécaires sont accordés > les prix augmentent encore plus > le processus devient incontrôlable et inabordable. Le prix du marché n'est plus proportionnel à la valeur intrinsèque, et le marché s'effondre.

Volatilité des crypto-monnaies

Crypto et forex, ce sont deux marchés populaires sur lesquels trader. L'un négocie des monnaies numériques, tandis que l'autre négocie des monnaies réelles comme l'euro ou le yen.

Les deux marchés ont leurs avantages et leurs inconvénients. En général, par exemple, le marché cryptographique est nettement plus volatil que le marché des changes. La volatilité signifie de combien le marché monte et descend dans un temps donné. S'agit-il d'un avantage ou d'un inconvénient ? Vous ne pouvez le déterminer que par vous-même.

Pour certains, il peut s'agir d'un avantage car une plus grande volatilité offre potentiellement des rendements plus élevés. D'un autre côté, une volatilité élevée comporte également plus de risques.

Comment se fait-il exactement que cette volatilité soit plus élevée et que devez-vous prendre en compte ? Vous pouvez lire tout cela et plus encore dans ce chapitre.

Qu'est-ce que le marché des crypto-monnaies ?
Une crypto-monnaie est une unité numérique qui représente une certaine valeur. Il s'agit d'une monnaie numérique utilisée comme alternative à l'argent auquel nous sommes habitués.

La crypto a été créée après que Satoshi Nakamoto ait essayé de développer un système de monnaie électronique de pair à pair. Ce système rendrait impossible la double dépense d'un même argent. À l'origine, il n'avait pas l'intention d'en faire une crypto-monnaie.

Une condition importante pour les crypto-monnaies est qu'elles ne nécessitent pas de serveur ou d'autorité centrale et sont donc décentralisées.

Beaucoup de ces réseaux décentralisés de crypto-monnaies sont basés sur la technologie blockchain. Il s'agit d'une sorte de grand livre de comptes qui est tenu par un réseau indépendant d'ordinateurs. Cela rend impossible, par exemple, que de l'argent soit émis deux fois ou que d'autres formes de fraude se produisent.

Le marché des crypto-monnaies est, bien sûr, l'endroit où les crypto-monnaies peuvent être achetées et vendues. C'est le lieu où se rencontrent la demande de crypto-monnaies et l'offre de crypto-monnaies.

Qu'est-ce que le marché des changes ?
Le marché des changes est le lieu où s'échangent les devises. Il s'agit de devises comme l'euro, le dollar ou le yen. Ces monnaies sont encore très importantes aujourd'hui, car ce sont celles qui sont généralement utilisées pour payer dans le monde entier.

Le "prix" de ces monnaies est déterminé par de nombreux facteurs. En termes simples, bien sûr, comme pour toute chose, ils sont influencés par l'offre et la demande. Mais comment fonctionne exactement cette forme d'offre et de demande ?

Par exemple, la demande d'une monnaie augmente lorsque les producteurs du pays de cette monnaie deviennent moins chers. Supposons que les prix en Europe baissent. Les entreprises américaines peuvent alors acheter des produits moins chers en Europe qu'en Amérique. Cependant, elles doivent le faire en euros. Par conséquent, elles demandent des euros et le "prix", ou taux de change, de l'euro augmente.

Ainsi, dans l'exemple cité précédemment, l'offre de dollars augmente, car les États-Unis offrent ces dollars en échange d'euros. Le prix du dollar va donc baisser.

Les fluctuations qui se produisent ainsi dans ces prix, ou taux, sont très attrayantes pour les spéculateurs de devises. Les spéculateurs de devises sont des personnes qui spéculent sur le prix de la devise. Cela signifie qu'ils sont susceptibles d'acheter lorsqu'ils s'attendent à une hausse des prix et de vendre lorsqu'ils s'attendent à une baisse des prix.

Aussi dans le forex, tout comme dans la crypto ou dans les actions, il y a beaucoup d'argent à gagner. Cependant, les choses peuvent aussi mal tourner. Tenez-en compte avant de vous lancer et gardez

toujours à l'esprit : apprenez d'abord et n'investissez
qu'ensuite !

Quelles sont les différences entre le marché des crypto-monnaies et le marché des changes ?

Maintenant que nous avons discuté des deux marchés,
vous avez peut-être déjà une idée des différences entre
le marché cryptographique et le marché des changes.
Néanmoins, ils se ressemblent, après tout, sur les deux
marchés, vous achetez et vendez des devises. Sur l'un,
vous achetez des monnaies numériques et sur l'autre,
des monnaies non numériques. Mais quelles sont
exactement les grandes différences entre les deux ?

Caractéristiques du marché

L'une des différences entre le marché des crypto-
monnaies et le marché des changes est que les marchés
ne sont pas toujours ouverts au même moment.

En fait, le marché du forex fonctionne le week-end. Il
s'agit en fait d'une combinaison entre le marché des
crypto-monnaies et le marché boursier. Le marché
boursier est en fait ouvert 5 jours de la semaine, ces
jours-là le marché est ouvert pendant des heures
limitées. Le marché des crypto-monnaies est ouvert 24
heures sur 24, 7 jours sur 7. Le marché des changes est
donc une intervention de ce type. Il est ouvert 5 jours
par semaine, mais 24 heures sur 24.

Volatilité

En général, le marché des crypto-monnaies est plusieurs fois plus volatil que le marché des changes. Cela signifie qu'il y a beaucoup plus de fluctuations de prix sur le marché cryptographique que sur le marché des changes.

Cela est dû à plusieurs raisons. Par exemple, c'est parce que le marché des crypto-monnaies est plus récent que le marché du forex. Nous verrons plus loin comment cela fonctionne exactement et quelles sont les autres raisons.

Risque

Bien sûr, on ne peut jamais dire quel marché est le plus risqué. Il se trouve que cela dépend d'un grand nombre de facteurs différents et, en outre, le risque dépend aussi dans une large mesure de vos actions.

En général, le risque sur le marché du forex est un peu plus faible que le risque sur le marché des crypto-monnaies. La principale raison en est que le marché des changes est moins volatil. Par conséquent, les fluctuations des prix sont moins importantes, ce qui réduit le risque de perdre soudainement beaucoup d'argent. Bien entendu, le risque de gagner soudainement beaucoup d'argent est également un peu plus faible.

Bien sûr, vous pouvez aussi réduire ou augmenter le risque en fonction de vos choix. Soyez toujours attentif et faites toujours vos recherches en premier lieu.

44

N'oubliez jamais la règle bien connue : apprenez d'abord et investissez ensuite !

Centralisation

Une autre grande différence entre les deux marchés est que l'un est centralisé et l'autre décentralisé.

Le Forex, en fait, est centralisé. Cela signifie que les monnaies sont contrôlées et dominées par des gouvernements ou des banques centrales. Ils décident de ce qui arrive à la monnaie et peuvent donc influencer son prix.

Les crypto-monnaies sont décentralisées. Cela signifie que c'est exactement le contraire qui se produit avec le forex. Crypto n'est en fait dominé ou contrôlé par personne. Selon beaucoup, c'est un grand avantage.

Terme

Le trading sur le marché des changes est principalement à court terme. En effet, si, en tant que spéculateur néerlandais, vous achetez par exemple le rand (monnaie de l'Afrique du Sud), vous n'en aurez plus l'utilité. Votre seul objectif, en tant que spéculateur, lorsque vous achetez cette devise, est de réaliser un bénéfice.

Avec les crypto-monnaies, ce n'est pas forcément le cas dans tous les cas. Certaines crypto-monnaies ont un véritable projet derrière elles, avec une technologie avancée spéciale qui pourrait réellement changer le monde. Avec les crypto-monnaies, il y a donc de fortes chances que vous achetiez la crypto-monnaie pour le bien du projet et de sa fonction, au-delà de l'objectif de faire un profit.

Il s'agit d'une différence importante, dont l'impact est clairement visible sur les deux marchés.

Liant d'emplacement
Les deux investissements dépendent dans une certaine mesure de l'emplacement.

Pour le forex, c'est très facile à expliquer. En effet, la devise que vous achetez ou vendez appartient à un lieu ou à plusieurs lieux. Par exemple, le dollar appartient aux États-Unis et l'euro à l'ensemble de l'Europe.

Aux premiers jours de la crypto, on ne pouvait pas vraiment dire que la crypto était liée à un lieu et peut-être ne l'est-elle toujours pas. Cependant, il y a quelques réserves à cela. La crypto, ou certains projets de crypto spécifiquement, sont maintenant interdits dans certains endroits du monde. Il existe également des techniques qui ne fonctionnent ou ne sont actives que dans certains pays. Ainsi, la crypto est aussi, dans une certaine mesure, liée à un lieu. À l'avenir, cela pourrait devenir plus ou moins le cas.

Capitalisation boursière

Il existe également des différences dans la capitalisation boursière totale des deux marchés. Cela signifie la taille du marché total dans son intégralité.

La capitalisation boursière du marché des changes est la plus importante de tous les marchés. Le marché du forex est donc le plus grand marché du monde entier. La capitalisation totale du marché du forex est de 5.000.000.000.000 $. Le dollar américain (USD) est le principal acteur de ce marché. Cette devise représente notamment 90% du marché total.

La capitalisation totale du marché des crypto-monnaies est considérablement plus faible. Elle est d'environ 300 000 000 000 $. Le bitcoin (BTC) est l'acteur le plus important et représente environ la moitié de cette capitalisation boursière. En deuxième position se trouve l'Ethereum (ETH), qui représente environ 8 % de l'ensemble du marché des crypto-monnaies. Ces chiffres s'appliquent à l'année 2021.

Pourquoi le marché des crypto-monnaies est-il plus volatil que le marché des changes ?
Lorsque vous choisissez le marché sur lequel vous voulez commencer à négocier, il est important que vous preniez en compte tous les aspects des deux marchés, y compris la volatilité. La volatilité implique l'ampleur des fluctuations des prix. En d'autres termes, dans quelle mesure ces prix montent et descendent.

Il est important de connaître le marché sur lequel vous allez trader, car cela vous permettra de bien déterminer comment vous allez trader. Le risque que vous allez prendre dépend de la volatilité.

Plus la volatilité est élevée, plus le risque est élevé en général. En effet, lorsque la volatilité est élevée, il y a en principe plus de chances que le marché chute soudainement et que votre investissement en fasse autant. Si vous voulez prendre ce risque, vous pouvez bien sûr le faire, mais il est important que vous y réfléchissiez bien.

En général, le marché des crypto-monnaies est plus volatil que le marché des changes. Cela a plusieurs causes.

L'une d'entre elles est la taille du marché. Comme nous l'avons déjà évoqué plus haut dans ce chapitre, le marché des crypto-monnaies est plusieurs fois plus petit que le marché du forex. Cela s'explique par le fait que le marché des crypto-monnaies est relativement nouveau et n'est pas encore "accepté" par tous. En revanche, le marché des changes est utilisé par tout le monde, qu'on le veuille ou non. Après tout, tout le monde doit utiliser les devises négociées sur le marché des changes d'une manière ou d'une autre.

La conséquence de cette différence de taille est qu'une transaction d'un certain montant a plus d'influence sur le marché cryptographique que sur le marché des changes. Lorsque, par exemple, une cryptomonnaie d'une valeur de 3 millions de dollars est soudainement vendue, cela représente 1 % du marché total et, par conséquent, l'offre augmentera d'une part beaucoup plus importante que lors de la même transaction sur le marché des changes. Cela entraînera également une baisse beaucoup plus importante du prix.

Cela signifie aussi, par exemple, que les grands acteurs peuvent exercer une influence beaucoup plus grande sur le marché. Par exemple, un tweet d'Elon Musk aurait beaucoup, beaucoup plus d'influence sur le marché cryptographique que sur le marché des changes.

En particulier, les différences de taille et d'âge du marché font que la volatilité sur le marché des crypto-monnaies est beaucoup plus élevée que sur le marché des changes.

Alors pourquoi le marché de la cryptographie est-il plus volatil que le marché des changes ? Les principales raisons en sont que le marché de la crypto-monnaie est beaucoup plus petit que le marché du forex et que le marché de la crypto-monnaie est beaucoup plus jeune que le marché du forex. Ces deux facteurs réunis font que le marché cryptographique est plus influencé par les petites transactions et, par exemple, plus facilement influencé par les grands acteurs.

Pourquoi est-ce important ? Il est très important de garder à l'esprit la volatilité d'un marché avant de commencer à y négocier. En général, lorsque la volatilité est élevée, le risque est également plus élevé.

En effet, dans ce cas, le risque est plus grand, car le marché fait en principe plus souvent des allers-retours et donc des baisses. Le risque de perdre de l'argent est donc plus grand.

Crimes de DeFi

Alors que de plus en plus de personnes s'intéressent au monde de la crypto et que de plus en plus de jetons de crypto sont échangés, la crypto criminalité est également en hausse. De nos jours, les criminels sont partout dans le monde des crypto-monnaies, à la recherche de nouvelles opportunités pour s'emparer des actifs des gens.

Le monde des crypto-monnaies évolue rapidement, tout comme la crypto-criminalité. De nouvelles tendances sont visibles chaque année. Il peut s'agir de formes de criminalité totalement nouvelles, mais aussi d'anciennes formes sous une nouvelle apparence. Dans ce blog, vous lirez tout sur les dernières tendances en matière de crypto criminalité, afin d'être encore plus vigilant et d'éviter de devenir une victime.

Les chiffres de la criminalité liée aux crypto-monnaies
Les crypto-monnaies offrent une alternative au secteur financier traditionnel grâce à un système décentralisé, indépendant des banques et du gouvernement. Les transactions peuvent être effectuées rapidement dans un réseau unique et il est difficile de remonter jusqu'aux individus. Outre ses nombreux avantages, cette méthode d'échange comporte également des risques. Diverses parties mettent en garde contre les dangers du marché des crypto-monnaies et demandent une plus grande supervision. Les crypto-monnaies sont vulnérables à diverses formes de criminalité, car les

criminels ont également trouvé le marché des crypto-monnaies. La popularité croissante des crypto-monnaies, liée à leur caractère anonyme et transfrontalier, offre des opportunités aux criminels.

En 2021, la criminalité liée aux crypto-monnaies a atteint un nouveau record, selon les recherches de la société de cryptanalyse Chainalysis. Un total de 14 milliards de dollars de transactions illégales a été reçu, contre 7,8 milliards de dollars en 2020, 11,7 milliards de dollars en 2019, et 4,4 et 4,6 milliards de dollars en 2018 et 2017, respectivement. Il s'agissait de différents types de transactions illégales.

Cependant, ces chiffres ne disent pas tout. L'utilisation de la crypto se développe plus rapidement que jamais, de sorte que de plus en plus de personnes achètent et vendent de la crypto. Des études montrent que le volume total des échanges de crypto-monnaies atteindra 15,8 billions de dollars en 2021. Cela représente une augmentation de quelque 567 % par rapport au volume total des échanges en 2020. Compte tenu de cette croissance, il n'est pas surprenant que de plus en plus de criminels utilisent également la crypto pour commettre des crimes.

Cependant, proportionnellement, le pourcentage de transactions crypto illégales a diminué si l'on regarde les années précédentes. En 2021, le pourcentage de transactions crypto illégales n'était " que " de 0,15 % de l'ensemble du volume d'échanges. En 2020, il était de

0,62 %, en 2019 autant que 3,37 %, et en 2018 et 2017, le pourcentage était de 0,76 % et 1,42 %. La part des transactions illégales dans le volume total des échanges de crypto n'a jamais été aussi faible qu'aujourd'hui. Par conséquent, on peut en conclure que l'utilisation légale des crypto a en fait augmenté.

La criminalité semble donc occuper une place de plus en plus réduite au sein du crypto-écosystème. D'une part, cela peut s'expliquer par le fait que la crypto est prise plus au sérieux par un public croissant en tant qu'outil de paiement ou d'investissement numérique. Une étude menée par Ipsos, par exemple, montre que quelque 1,2 million de Néerlandais possédaient une crypto en 2021. D'autre part, la crypto fait désormais l'objet d'une attention accrue de la part des gouvernements, des régulateurs et des organismes d'application de la loi. Ainsi, la capacité des organismes d'application de la loi à lutter contre la criminalité basée sur les crypto-monnaies évolue également.

Bien sûr, malgré la diminution du pourcentage de transactions illégales, 14 milliards de dollars d'activités illégales représentent toujours beaucoup d'argent et sont donc problématiques. L'abus criminel de crypto crée d'énormes obstacles aux développements et intégrations ultérieurs, augmente la probabilité de restrictions sévères de la part du gouvernement et, pire que tout, des personnes innocentes en sont victimes et perdent beaucoup d'argent.

53

Il est donc bon de s'attarder sur les tendances de la crypto-criminalité, afin de pouvoir au moins y être attentif.

Tendances de la crypto-criminalité

Quelles sont les tendances visibles en matière de crypto-criminalité ? Le tableau ci-dessous donne les pourcentages des différents types de criminalité au cours des dernières années. En regardant ces pourcentages, deux catégories ont beaucoup augmenté en pourcentage en 2021 : le vol de crypto et dans une moindre mesure les escroqueries.

DeFi

Dans les vols de crypto et les escroqueries, DeFi joue un rôle important. Qu'est-ce que DeFi ? Decentralized Finance, abrégé en DeFi, signifie littéralement finance décentralisée. DeFi est un développement qui permet de fournir des instruments et des services financiers sans dépendre d'un intermédiaire tel qu'une banque. Cela se fait par le biais de contrats intelligents sur la blockchain, qui traitent les transactions financières sans intermédiaire.

Escroqueries

Les revenus tirés des escroqueries ont augmenté de 82 % pour atteindre 7,8 milliards de dollars en crypto volés aux victimes en 2021. Plus de 2,8 milliards de ce montant ont été obtenus par des back pulls. Les back pulls représentent un type d'escroquerie assez nouveau, où les escrocs prétendent être dignes de confiance, puis retirent tout l'argent du projet. Cela va au-delà du simple vol de crypto, il faut vraiment qu'il y ait tromperie et gagner la confiance des investisseurs. Dans de nombreux cas, il s'agissait de projets DeFi, où les escrocs ont incité les investisseurs à acheter des jetons appartenant à un projet particulier, puis se sont enfuis avec l'argent des investisseurs. Les jetons n'ont alors plus aucune valeur.

Un exemple bien connu de back pull est celui de Squid game, qui a eu lieu en novembre 2021. Squid Game (SQUID) était un projet basé sur la série populaire de Netflix et était censé être un jeu à gagner sur la Smart Chain de Binance, selon le livre blanc, mais le jeu n'a finalement jamais abouti. Après que le jeton ait atteint une valeur de 2,86 $ après une hausse rapide de 7400 %, les créateurs ont retiré l'argent et le jeton a dégringolé jusqu'à atteindre 0 $. Les investisseurs se sont retrouvés les mains vides. On estime que les escrocs ont gagné entre 3 et 12 millions de dollars.

Les tractions arrière sont courantes dans DeFi pour plusieurs raisons. Tout d'abord, c'est en raison du battage médiatique qui entoure DeFi. En effet, le volume d'échange des projets DeFi a augmenté de 912 % en 2021. Le rendement élevé des jetons décentralisés a rendu de nombreuses personnes enthousiastes à l'idée d'investir dans les jetons DeFi. Dans le même temps, il n'est pas très compliqué de créer de nouveaux jetons DeFi et de les placer sur des bourses, même sans audit de code. Un audit de code est un processus par lequel une société externe ou une bourse analyse le code du contrat intelligent derrière un nouveau jeton ou un autre projet DeFi. La société externe confirme alors publiquement que les règles du contrat sont fiables, et ne contiennent donc pas de mécanisme permettant aux développeurs de s'enfuir avec la crypto des investisseurs. Vous pouvez donc éviter d'être victime d'un back pull en investissant uniquement dans des projets qui ont fait l'objet d'un audit de code.

Vol de crypto-monnaies

Les vols de crypto ont augmenté encore plus que les escroqueries. Environ 3,2 milliards de dollars de crypto ont été volés en 2021, ce qui représente une augmentation de quelque 516 % par rapport à 2020. Environ 2,2 milliards de dollars, soit 72 % du total de 2021, ont été volés à partir de protocoles DeFi. Les vols de DeFi peuvent être attribués à des erreurs dans les contrats intelligents, ce qui permet aux pirates de voler de la crypto. Cette augmentation des vols liés au DeFi s'inscrit dans la tendance visible selon laquelle le DeFi est devenu un facteur majeur de la crypto criminalité.

En 2020, un peu moins de 162 millions de dollars de crypto ont été volés sur les plateformes DeFi. Cela représentait 31 % du total de la crypto volée pour l'année. À lui seul, ce chiffre représente une augmentation de 335 % par rapport à 2019. En 2021, ce pourcentage a encore augmenté de 1330 %. En d'autres termes, alors que DeFi a continué à se développer, le problème du vol de crypto au sein de DeFi a également augmenté.

Blanchiment d'argent

On constate également une croissance de l'utilisation du DeFi pour le blanchiment d'argent. En 2021, une augmentation de quelque 1964% a été visible à cet égard. Cela n'est pas non plus très surprenant. Après tout, les criminels qui escroquent les gens et volent de la crypto n'ont finalement qu'un seul objectif : garder cette crypto volée cachée des autorités et la convertir en argent légal afin qu'elle puisse être dépensée sans prouver son origine illégale. Le blanchiment d'argent est donc à la base de toutes les formes de criminalité avec la crypto, mais comme la popularité du DeFi est montée en flèche et offre de nombreuses possibilités, les criminels y voient également de nombreuses opportunités.

NFTs

Les NFT ont été l'un des plus grands succès de l'année 2021. Comme c'est le cas avec toute nouvelle forme de technologie, les NFT offrent de nombreuses possibilités d'abus. D'une part, les NFT sont utilisés comme un outil pour le vol de crypto-monnaies ou les escroqueries. Parmi les escroqueries courantes, citons les faux projets NFT, les NFT copiés ou les hacks NFT.

D'autre part, les NFT sont également achetés avec des cryptomonnaies obtenues de manière illégale. Comme pour l'art physique, les NFT peuvent facilement être utilisés pour le blanchiment d'argent. Comme le montre le graphique ci-dessous, la valeur des crypto obtenus illégalement et envoyés sur les places de marché NFT a considérablement augmenté en 2021.

L'utilisation des crypto-monnaies se développe plus rapidement que jamais et de plus en plus de personnes effectuent des transactions avec des crypto-monnaies. En raison de cette croissance, la criminalité liée aux crypto-monnaies augmente également. Nous pouvons clairement voir que DeFi joue un rôle important dans ce domaine. DeFi offre d'énormes opportunités pour les entreprises et les investisseurs, mais il offre également des opportunités pour les criminels et de nouvelles formes de criminalité. Soyez donc prévenus et n'investissez pas dans des projets sans avoir effectué au préalable des recherches appropriées sur la fiabilité et les intentions derrière le projet !

Assurances Defi

Je n'ai probablement pas besoin de vous dire que le trading de crypto est risqué. Lorsque vous achetez une crypto, sa valeur peut monter, mais elle peut tout aussi bien descendre. Vous risquez donc toujours de perdre des mises. C'est juste une partie du trading de crypto.

Pourtant, vous pouvez également perdre de l'argent de manières très différentes au sein du monde cryptographique. Pensez non seulement aux escroqueries et aux pièces frauduleuses, mais aussi aux erreurs techniques. Ces types d'erreurs sont assez courants dans le cadre de DeFi.

Heureusement, de plus en plus d'entreprises cherchent des solutions à ce genre d'erreurs. Prenons par exemple les assurances DFi spéciales. Ces types d'assurances DIF sont de plus en plus populaires. Nexus Mutual, NSure Network et Ease sont quelques-uns de ces types d'assurances.

Les risques du DeFi

Lorsque vous utilisez DeFi, vous vous exposez à un certain nombre de risques. En effet, DeFi repose sur des contrats intelligents. Il s'agit de scripts automatisés qui s'exécutent sur la blockchain. Ces contrats intelligents traitent de grandes quantités de crypto-monnaies, ou dans certains cas les détiennent.

Dès que quelque chose ne va pas dans un contrat intelligent, personne ne peut résoudre le problème. En effet, tout se passe de manière totalement automatique et est enregistré directement sur la blockchain. Les transactions sont irréversibles, une erreur ne peut donc pas être annulée.

Lorsque vous utilisez un protocole DeFi, vous devez toujours tenir compte de la perte d'argent due à des erreurs dans un contrat intelligent. Et si vous perdez de l'argent, c'est bien sûr très décevant. Il n'y a rien que vous puissiez faire à ce sujet, sauf ne pas utiliser la plateforme.

Heureusement, il existe des solutions pour ce type de risque. Plusieurs compagnies ont mis au point une assurance spéciale qui peut vous couvrir contre ce genre de pertes.

Qu'est-ce qu'une assurance DFi ?

L'assurance DeFi, ou l'assurance DeFi, est une assurance qui vous couvre contre les risques de DeFi. Comme vous venez de le lire, l'utilisation d'un protocole DeFi n'est pas entièrement sans risque ni danger. Il y a toujours une chance que quelque chose se passe mal, vous faisant perdre votre mise.

Les assurances DeFi elles-mêmes fonctionnent comme des dApp sur la blockchain. De cette façon, il est possible de suivre les hacks ou les erreurs sur la blockchain. Certains protocoles ont un outil intégré qui

peut surveiller les hacks et les erreurs. De cette façon, il
est possible de déterminer exactement combien de
crypto-monnaies vous avez perdu.

Comme ces polices d'assurance fonctionnent sur la
blockchain, il n'y a pas de partie centrale qui puisse
assurer le paiement des indemnités. Au lieu de cela, ce
sont d'autres personnes qui s'en occupent. Bien sûr, la
façon dont cela est fait et fonctionne varie selon
l'assurance DFi.

Nexus Mutual (NXM)

Nexus Mutual est une application qui fonctionne sur la
blockchain Ethereum (ETH). On pourrait la considérer
comme une compagnie d'assurance décentralisée.
Pourtant, contrairement aux compagnies d'assurance
centrales, Nexus Mutual n'a pas de but lucratif. C'est
une mutuelle, ce qui signifie que la société est détenue
par les assurés. Tous les bénéfices seront répartis entre
eux.

En souscrivant une assurance auprès de Nexus Mutual,
vous pouvez vous protéger contre les erreurs de code
dans les applications DeFi. Si vous perdez de l'argent
lors d'un échange de jetons à cause d'une erreur
d'UniSwap, Nexus Mutual vous dédommagera pour
cette perte.

Comment fonctionne la mutuelle Nexus ?

Tout d'abord, vous spécifiez sur le site web de Nexus
Mutual le protocole pour lequel vous souhaitez être

assuré. Vous avez le choix entre de nombreuses applications DeFi, comme Aave, Balancer ou UniSwap. Ensuite, vous devrez payer l'assurance et déposer une garantie. Tous les paiements des assurés sont conservés dans un pool.

Dès que vous avez subi une perte, vous pouvez faire une réclamation. Le réseau votera alors sur la validité de la réclamation. Les utilisateurs qui tentent de frauder sont sévèrement punis : la garantie leur sera retirée. Il est donc inutile d'essayer de tricher.

Dans ce processus, la tricherie est impossible. Tous les événements sont stockés sur la blockchain, de sorte que l'on peut toujours voir ce qui s'est passé dans le passé. Vous ne pouvez pas, en tant que solitaire, modifier l'histoire de la blockchain. Il faudrait posséder plus de 51 % du réseau pour le faire, ce qui est techniquement impossible dans de nombreux cas.

Dès que vous avez souscrit une assurance et que vous faites une réclamation valable, le protocole couvre les dommages. Les dommages sont couverts par le pool. Vous recevrez le montant sous forme de jetons NXM à l'adresse de votre portefeuille. Vous pouvez ensuite convertir les jetons en d'autres crypto-monnaies ou en monnaie fiduciaire.

Vous pouvez résilier l'assurance à tout moment. Dans ce cas, vous serez remboursé de la garantie que vous avez déposée à l'adresse de votre portefeuille.

Couverture de garde de Nexus Mutual Exchange

Vous pouvez également souscrire une assurance auprès de Nexus Mutual contre la perte de crypto-monnaies en cas de piratage d'un portefeuille ou d'un échange. Il est possible de faire une réclamation dès lors que vous avez perdu plus de 10 % de vos avoirs ou que vous êtes dans l'incapacité d'effectuer une transaction sur la plateforme pendant plus de 90 jours.

Il est possible de souscrire une assurance Custody Cover pour Celsius, BlockFi, Nexo, inLock, Ledn, Hodlnaut, Coinbase, Kraken et Gemini.

Jeton NXM

Nexus Mutual a son propre jeton NXM. Vous pouvez utiliser le jeton pour la grève afin de couvrir les contrats intelligents. NXM a des fonctions de gouvernance et en tant que propriétaire du jeton NXM, vous pouvez également vérifier la validité des réclamations.

Comment pouvez-vous utiliser Nexus Mutual ?
Vous pouvez utiliser Nexus Mutual en naviguant d'abord sur la plateforme. Pour ce faire, cliquez ici. Ensuite, vous devrez connecter votre porte-monnaie cryptographique externe, puis vous pourrez sélectionner un protocole et une formule d'assurance. Ensuite, suivez les étapes pour acheter l'assurance.

Réseau NSure

NSure Network est une plateforme d'assurance ouverte pour Open Finance. Il y a de fortes chances que cela ne signifie pas grand-chose pour vous. Vous avez peut-être entendu parler du Lloyd's de Londres. Il s'agit d'une place de marché où les risques d'assurance peuvent être revendus.

Sur un tel marché, les émetteurs d'assurance peuvent revendre des polices. Si vous pensez que le risque de sinistre est faible, vous pouvez acheter une telle police d'assurance. Vous recevrez alors la prime payée par le titulaire de la police, mais devrez également supporter les coûts éventuels.

Le commerce de l'assurance peut être lucratif, mais il est aussi très risqué. En effet, cela peut vous coûter très cher si quelqu'un fait une réclamation pour son assurance. Vous êtes légalement tenu de couvrir le montant réclamé si vous êtes l'acheteur de la police.

Comment fonctionne le réseau NSure ?
Le protocole décentralisé de NSure permet à quiconque de souscrire une assurance ou de couvrir les risques pour les assurés. En tant que fournisseur de capital, vous pouvez voir sur la plateforme quel type d'assurance les gens souhaitent avoir. Vous pouvez alors décider de miser des jetons NSURE sur une demande d'assurance qui semble intéressante. Une telle demande peut être intéressante si vous pensez que le risque est faible. Vous recevrez des récompenses

quotidiennes sous forme de jetons NSURE lorsque vous couvrirez le risque de quelqu'un.

Avant de pouvoir le faire, cependant, vous devrez obtenir une garantie. De cette façon, le protocole sait avec certitude que vous serez en mesure de couvrir une éventuelle perte. En effet, si quelque chose ne va pas, c'est vous, en tant que prêteur, qui devrez payer les frais. En fait, le risque est transféré de l'utilisateur au prêteur. Le prêteur, cependant, peut obtenir un bon rendement sur le risque couvert.

Le coût que vous devez payer en tant qu'assuré est déterminé par l'offre et la demande. Lorsqu'un grand nombre de personnes veulent couvrir le risque des assurés, ces derniers paient un prix plus bas. Cela signifie également que les prêteurs recevront une rémunération moins élevée.

NSURE-token
Le réseau NSure dispose d'un jeton NSURE. Ce jeton joue un rôle important au sein du protocole, comme vous venez de le lire. En outre, NSURE a également une fonction de gouvernance, et les propriétaires peuvent avoir leur mot à dire dans l'organisation et l'avenir du protocole. NSURE peut bien sûr aussi être utilisé pour la spéculation sur les prix.

Comment pouvez-vous utiliser le réseau NSure ?
Vous pouvez utiliser NSure Network en naviguant d'abord sur la plateforme. Pour ce faire, cliquez ici.

Ensuite, vous devrez connecter votre portefeuille cryptographique externe (choix de Metamask ou Wallet Connect), puis vous pourrez sélectionner un protocole et une formule d'assurance. Ensuite, suivez les étapes pour acheter l'assurance.

Faciliter

Ease est un protocole où vous pouvez acheter une assurance contre la perte d'argent par le biais des protocoles DeFi. Ce projet s'appelait auparavant ArmorFi, mais il a changé de nom et de marque au début de 2022. Les utilisateurs peuvent se protéger des hacks, des arnaques et des back pulls grâce à Ease. Selon Ease, ils peuvent le faire d'une manière plus simple, plus sûre et plus efficace que ne le font de nombreux autres protocoles d'assurance.

D'autres protocoles d'assurance exigent que vous bloquiez une garantie. Cette garantie doit être égale à la valeur des jetons que vous assurez. Dès que la valeur de la garantie diminue ou que la valeur des jetons couverts augmente, vous devez souscrire un nouveau plan d'assurance.

Cela garantit que ce type d'application ne peut être utilisé que par une petite partie des traders en crypto. En effet, il faut être en possession d'une grosse somme d'argent avant de pouvoir s'assurer contre les risques. Ease a mis au point une solution appelée "Uninsurance".

Comment fonctionne la non-assurance ?

Couvrir les dommages causés par DeFi, c'est ce que fait Ease avec Uninsurance. Auparavant, cette solution s'appelait Armor Smart Cover. Tous les actifs couverts par l'écosystème servent immédiatement de garantie. Par conséquent, les participants n'ont pas besoin de constituer des garanties supplémentaires, et tout le monde peut participer à Ease.

Il y aura toujours suffisamment de garanties. En effet, la valeur des actifs couverts est égale à la valeur de la garantie totale. Ainsi, Ease se veut un protocole d'assurance qui se veut aussi convivial que possible.

Dès qu'un piratage se produit, les biens des victimes sont immédiatement liquidés pour compenser la perte.

Vous pouvez participer à l'Uninsurance sans avoir à payer pour les services. En effet, les avoirs de tous les participants servent directement de garantie et il n'est donc pas nécessaire de payer des frais. Vous pouvez résilier votre assurance en retirant vos avoirs.

Jeton ARMOR

L'écosystème Ease utilise toujours le jeton ARMOR pour les fonctions de gouvernance. À l'avenir, ARMOR sera converti en jeton EASE. On ne sait pas encore quand cela se produira.

Comment pouvez-vous utiliser Ease ?

Vous pouvez utiliser Ease en naviguant d'abord sur la plateforme. Pour ce faire, cliquez ici. Ensuite, vous devrez connecter votre portefeuille cryptographique externe, puis vous pourrez sélectionner un protocole et une formule d'assurance. Ensuite, suivez les étapes pour acheter l'assurance.

L'utilisation d'un protocole ou d'une plateforme DeFi n'est pas entièrement sans risque. Il y a toujours une chance de perdre de l'argent. Tous les produits DeFi utilisent des contrats intelligents, et quelque chose peut mal tourner à ce niveau. La technologie blockchain étant irréversible et décentralisée, les erreurs ne peuvent être corrigées.

Heureusement, vous pouvez vous assurer contre ce type de risque auprès de Nexus Mutual, NSure Network et Ease. Avec ces types de protocoles, vous devez vous inquiéter un peu moins des risques, même s'il est important de rester conscient des risques auxquels vous êtes confronté à tout moment.

Le stablecoin le plus sûr

Les stablecoins semblent simples, mais ils existent sous toutes les formes et toutes les tailles. Il peut donc être difficile de choisir le meilleur stablecoin à utiliser.

Bien sûr, vous préférez utiliser un stablecoin facile à utiliser, mais qui fait partie des crypto-monnaies stables les plus sûres au monde.

Nous sommes heureux de vous en dire plus sur les stablecoins les plus populaires que vous pourriez utiliser dans ce chapitre. Je vous expliquerai également plus en détail comment chaque stablecoin est soutenu et à quoi ressemble la sécurité du stablecoin.

Qu'est-ce qu'un stablecoin ?
Les stablecoins sont des crypto-monnaies qui ont toujours une valeur stable. Cette valeur est liée au prix d'un autre actif.

Dans la plupart des cas, il s'agit d'une monnaie fiduciaire. Par exemple, la valeur d'un stablecoin peut toujours être égale à l'euro ou au dollar américain, ce qui signifie qu'un stablecoin vaut également un euro ou un dollar.

Un stablecoin doit être adossé à un actif sous-jacent. Dans de nombreux cas, la nature de l'actif sous-jacent importe peu, tant que la valeur totale est égale à la demande.

En effet, l'offre et la demande doivent être égales pour assurer la stabilité.

Quels sont les monnaies stables ?

Aujourd'hui, vous avez le choix entre un grand nombre de monnaies stables. Il peut être difficile de faire un choix parmi cette offre importante. Sans parler de savoir quelle stablecoin est la plus sûre. Nous vous expliquons ci-dessous quels sont les stablecoins les plus populaires, comment ils fonctionnent et de quelle manière ils sont garantis.

Tether (USDT)

Le Tether (USDT) est le stablecoin le plus populaire au monde. Ce stablecoin fait partie du top 5 des plus grandes cryptocurrences depuis des années, sur la base de la capitalisation boursière. Le Tether reflète le prix du dollar américain, comme la plupart des autres stablecoins.

Tether a été lancé par la société éponyme en 2014 sous le nom de Realcoin. À l'époque, Tether fonctionnait sur la blockchain de Bitcoin en conjonction avec la plateforme Omni. Peu de temps après, le nom de Realcoin a été changé en USTether, avant d'être à nouveau changé en USDT peu de temps après. Comme vous le savez probablement aussi, Tether n'est actuellement pas uniquement disponible sur la blockchain de Bitcoin. Vous pouvez désormais échanger cette crypto-monnaie sur la blockchain d'Ethereum, EOS, Algorand, OMG et TRON.

Tether est-il sûr ?

En 2020, Tether a fait l'actualité lorsqu'il a été révélé que la plupart des jetons USDT étaient adossés à de la monnaie de banque commerciale. Il s'agissait d'au moins 97 % des pièces en circulation.

L'argent de banque commerciale est de l'argent qui n'existe pas physiquement, mais qui se trouve seulement sous la forme d'un chiffre sur un compte bancaire. Dans de nombreux cas, l'argent de banque commerciale est considéré comme moins sûr que l'argent liquide. Tether indique alors de convertir l'argent de la banque commerciale en espèces.

Dans le passé, l'USDT a chuté à une valeur de 0,88 $, ce qui correspond également à l'ATL (all-time-low) de l'USDT.

Certaines personnes s'inquiètent de la sécurité de Tether. Néanmoins, il n'y a jamais eu de problème jusqu'à présent, et Tether indique qu'il se rendra encore plus sûr à l'avenir.

Pièce USD (USDC).

L'USD Coin (USDC) est arrimé au dollar américain. Lancé en 2018, ce stablecoin est désormais disponible sur plus de 30 blockchains, notamment la blockchain de Solana, Algorand, Binance Smart Chain et Fantom.

Circle et Coinbase sont les entreprises à l'origine du développement de l'USD Coin. Elles ont créé ce stablecoin parce qu'elles voulaient émettre une crypto-monnaie stable sécurisée qui soit également facile à utiliser. Par conséquent, ils ont rendu le stablecoin disponible sur un grand nombre de blockchains.

Sur la base de la capitalisation boursière, l'USD Coin est la deuxième plus grande stablecoin dans le monde.

L'USD Coin est-il sûr ?

Jusqu'à présent, aucun problème majeur n'a été découvert avec l'USD Coin. En 2020, les fondateurs d'USD Coin ont indiqué qu'il y aurait une mise à jour majeure du protocole et des contrats intelligents d'USD Coin. Ces mises à jour étaient censées rendre l'utilisation de l'USD Coin plus facile. Les utilisateurs devraient être en mesure d'utiliser l'USD Coin pour les paiements quotidiens sans avoir à se soucier de la sécurité.

La valeur de l'USD Coin est garantie par des liquidités. Le montant des liquidités que l'USD Coin a en réserve est égal au nombre de pièces USDC émises. De cette façon, la stabilité de la valeur de l'USDC est garantie.

Binance USD (BUSD)

La bourse de crypto-monnaies Binance a émis avec Paxos un stablecoin qui fonctionne sur la chaîne Binance. Le Binance USD (BUSD) est négociable depuis

2019 et sa valeur est arrimée au dollar américain. BUSD est émis en tant que jeton ERC20 et BEP2, ce qui signifie qu'il peut également être utilisé sur d'autres blockchains, telles qu'Ethereum.

Binance USD (BUSD) est-il un stablecoin sécurisé ?
BUSD est approuvé par le Département des services financiers de l'État de New York (NYDFS) et est également réglementé par cet organisme. Chaque mois, le rapport d'audit mensuel de BUSD est publié sur le site de Binance. Dans ce rapport, vous pouvez trouver les développements de BUSD, tels que le nombre total de stablecoins émis et comment ils sont couverts. Binance est donc très transparent sur BUSD et veut s'assurer que les gens ont confiance en elle.

Paxos veille à ce que des dollars soient gardés en réserve afin de garantir une valeur constante. Ces réserves sont détenues dans une banque américaine et par des bons du Trésor américain.

Jusqu'à présent, il n'y a eu aucun problème avec la sécurité de Binance USD. Pendant ce temps, le BUSD fait partie des stablecoins les plus populaires au monde.

Dai (DAI).
La blockchain d'Ethereum fonctionne avec DAI. Il s'agit d'un stablecoin qui a la même valeur que le dollar américain. Cependant, sa valeur n'est pas couverte par le dollar américain. Elle est maintenue égale et couverte

par des cryptocurrencies au moyen du protocole Maker et de MakerDAO.

Le protocole Maker garantit qu'un certain nombre de crypto-monnaies sont détenues dans un contrat intelligent. La valeur de ces cryptocurrencies doit être égale au nombre total de stablecoins DAI émis. Par conséquent, le protocole est constamment en train d'acheter et de vendre des cryptocurrences. Il ne prend pas seulement en compte le nombre de stablecoins en circulation.

Bien sûr, la valeur des crypto-monnaies détenues peut également changer. Par conséquent, le protocole devra assurer la stabilité sur plusieurs fronts.

Le DAI est-il un stablecoin sécurisé ?
La valeur du DAI est couverte par d'autres crypto-monnaies. Un algorithme automatisé veille à ce que l'offre et la demande restent identiques, ce qui donne au DAI une valeur constante de 1 $. Malgré le fait que le DAI fonctionne d'une manière complètement différente de la plupart des monnaies stables, aucun problème n'a été découvert avec le DAI à ce jour.

TerraUSD (UST)
TerraUSD (UST) est le stablecoin émis par Terraform Labs. La valeur de ce stablecoin est maintenue stable par Terra (LUNA).

Il s'agit d'un protocole qui garantit que l'UST est couverte par la LUNA. Lorsque la demande d'UST augmente, les propriétaires de LUNA sont encouragés à échanger leurs LUNA contre des UST. En échange, ils reçoivent plus d'UST que de LUNA, ce qui rend l'échange de jetons financièrement intéressant.

Lorsque la demande d'UST diminue, les propriétaires d'UST sont encouragés à échanger leurs UST contre des LUNA. De cette façon, la couverture de l'UST est maintenue égale au nombre de jetons UST émis.

TerraUSD (UST) est-il sûr ?

À la mi-mai 2022, il est devenu évident que TerraUSD n'est pas un stablecoin sûr. La valeur du stablecoin a chuté, après quoi de nombreuses personnes ont décidé de vendre les jetons LUNA. Cela a provoqué la chute de LUNA. Cette chute a été si rapide que le protocole de Terra n'a pas pu brûler les UST assez vite. Résultat : la valeur des UST et des LUNA a chuté encore plus rapidement.

Le 13 mai 2022, l'équipe derrière Terra a même décidé de mettre la blockchain en pause. Ils voulaient mettre en place un plan d'action avant d'aller de l'avant. Il n'est pas encore certain qu'elle parvienne à faire fonctionner TerraUSD à nouveau. La question la plus importante est de savoir si elle parviendra à faire en sorte que les gens fassent à nouveau confiance à Terra et TerraUSD.

TrueUSD (TUSD)

TrueUSD (TUSD) est un stablecoin émis par la société TrustToken. La valeur du TUSD est toujours rattachée au dollar américain et est garantie par des dollars. Tous les jetons TUSD sont émis par le biais d'un contrat intelligent sur la plateforme de TrustToken. La société a pour partenaires plusieurs banques qui détiennent des dollars pour le nombre de jetons qu'elles ont émis.

En 2019, TrueUSD est devenue la première stablecoins au monde à émettre des vérifications en temps réel. Il est possible pour quiconque de voir le statut de TrueUSD sur la plateforme TrustToken. Cela montre que TrustToken est donc ouvert et transparent au sujet de TrueUSD.

TrueUSD (TUSD) est-il un stablecoin sûr ?
Depuis son lancement en 2018, TrueUSD n'a connu aucun problème. TrustToken a également été très ouvert sur la couverture de TrueUSD jusqu'à présent. Le stablecoin est entièrement soutenu par des dollars, qui sont gardés en réserve par les banques. Sur la plateforme de TrustToken, vous pouvez voir combien de dollars sont en réserve, et ainsi savoir si TrueUSD est suffisamment couvert.

En même temps, TrueUSD est un stablecoin moins connu. Par conséquent, il pourrait être judicieux de faire quelques bonnes recherches sur ce stablecoin vous-même, avant de décider de déplacer vos actifs vers cette monnaie.

USDD (USDD)

USDD (USDD) est l'une des plus récentes monnaies stables que vous rencontrerez dans ce chapitre. Ce stablecoin a été émis en mai 2022 par la réserve TRON DAO et fonctionne sur la blockchain TRON. TRON a intégré à ce stablecoin un mécanisme qui garantit la stabilité de l'USDD. Sa valeur est rattachée au dollar américain.

L'USDD est-il sûr ?

La valeur de l'USDD est garantie par la réserve TRON DAO. Cela fait de l'USDD le premier stablecoin au monde soutenu par une réserve cryptographique. L'USDD venant d'être lancé, il n'est pas encore possible de savoir s'il est sûr. Il faudra un certain temps avant de savoir si l'USDD contient des vulnérabilités ou s'il est résistant à toutes sortes d'attaques. Par conséquent, il n'y a pas de mal à être prudent et à faire des recherches approfondies sur l'USDD avant de décider d'acheter ce stablecoin.

Il existe de nombreuses pièces stables différentes. Chaque pièce stable fonctionne d'une manière différente et est également garantie d'une manière différente. Cela peut rendre certaines pièces stables plus sûres que d'autres. Il est sage de toujours faire vos propres recherches sur le fonctionnement d'un stablecoin avant de décider de faire protéger vos actifs par ce stablecoin.

L'état d'esprit de l'investissement

Les gens ne sont pas aussi rationnels que nous le pensons souvent, et cela est encore plus vrai lorsqu'il s'agit de questions et d'incertitudes financières. Le monde étant très complexe, nous sommes confrontés à plus d'informations que nous ne pouvons en traiter consciemment. Notre cerveau prend alors des raccourcis, ce qui fait que les décisions passent outre notre processus de pensée conscient. Cela peut conduire à des erreurs de réflexion psychologique, qui peuvent finalement aboutir à de mauvaises décisions.

Ce chapitre aborde les idées clés lorsqu'il s'agit de faire des choix en période d'incertitude et traite de 10 erreurs de réflexion psychologiques courantes qui peuvent jouer un rôle lors du trading de crypto ou de NFT.

Décisions

Avant de parler de décisions, il convient d'examiner le concept de décision. Qu'est-ce qu'une décision exactement ?

Qu'est-ce qu'une décision ?

Dans le livre "Rational Choice in an Uncertain World", Hastie & Dawes décrivent une décision comme une réponse à une situation qui se compose de trois éléments différents :

Premièrement, il doit y avoir une situation incertaine.

Deuxièmement, il doit y avoir au moins deux choix différents.

Troisièmement, il doit y avoir des conséquences positives et négatives associées aux choix.

Ainsi, une décision est une réponse à une situation incertaine, où il existe de multiples choix qui peuvent avoir des conséquences tant positives que négatives.

Un exemple :

Après beaucoup de bonnes histoires d'amis et d'informations que vous avez lues sur Internet, vous voulez commencer à investir dans les crypto dans l'espoir de faire des bénéfices. Vous choisissez le bitcoin (BTC). Au cours des dernières semaines, le bitcoin n'a fait que monter. D'une part, une correction pourrait déjà arriver, mais d'autre part, le Bitcoin est actuellement tellement haussier que la hausse pourrait également se poursuivre pendant un certain temps. Vous êtes maintenant confronté à un choix important : achetez-vous des crypto-monnaies maintenant ou attendez-vous un peu ?

Si vous achetez des crypto-monnaies maintenant, il y a deux conséquences : le prix augmente davantage et vous réalisez un bénéfice (positif) ou le prix baisse et vous subissez une perte (négatif). D'autre part, vous pouvez aussi attendre un peu avant d'acheter des crypto-monnaies, mais cela a aussi des conséquences : le prix augmente encore, ce qui rend les crypto-monnaies plus chères (négatif) ou le prix baisse, ce qui rend les crypto-monnaies moins chères (positif).

Prendre une décision consiste généralement à peser les conséquences positives et négatives des choix possibles. Le choix d'un investissement donné dépend donc des attentes du prix à ce moment-là, du rendement attendu ainsi que de votre attitude et de votre connaissance des risques liés à l'investissement que vous souhaitez réaliser.

La question suivante est de savoir comment prendre exactement une telle décision.

Comment prenons-nous nos décisions ?
Il existe plusieurs théories qui expliquent comment nous prenons des décisions. Dans ce chapitre, nous abordons la théorie du double processus de Daniel Kahneman.

Daniel Kahneman est professeur émérite de psychologie et d'affaires publiques à la Princeton School of Public and International Affairs de l'université de Princeton. Pionnier majeur à l'interface de la psychologie et de l'économie, il est devenu en 2002 le premier psychologue à recevoir le prix Nobel d'économie pour avoir intégré les connaissances psychologiques à la science économique, notamment en ce qui concerne la prise de décision humaine dans l'incertitude. Kahneman est donc l'un des psychologues les plus influents au monde et a écrit le best-seller "Thinking, Fast and Slow" en 2011. Dans ce livre, il démontre que les humains sont des êtres irrationnels, en distinguant deux systèmes de pensée : la pensée rapide et la pensée lente.

La théorie du double processus

La théorie du double processus de Kahneman est une théorie fondamentale de la prise de décision. Selon cette théorie, nous prenons des décisions en nous appuyant sur deux systèmes cognitifs :

Système 1 Pensée rapide : rapide, automatique, inconsciente.
Système 2 La pensée lente : lente, délibérée, consciente.
Selon Kahneman, nous avons deux systèmes de pensée différents. La pensée rapide est un mode de pensée irrationnel, rapide et intuitif et la pensée lente un mode de pensée rationnel, lent et délibéré.

Les deux systèmes sont très utiles dans la pratique, mais nous arrivons souvent à des décisions incorrectes en utilisant la mauvaise façon de penser, sans en être conscients. Lorsque nous nous précipitons pour prendre une décision sur une question compliquée, nous le faisons en utilisant le système 1. Cela peut conduire à des erreurs psychologiques de réflexion, qui peuvent finalement aboutir à de mauvaises décisions. En utilisant le système 2 pour prendre une décision en connaissance de cause, on peut généralement éviter cela. Toutefois, l'ouvrage de Kahneman montre que, lorsque nous prenons des décisions importantes, nous pensons souvent utiliser le système 2, alors que ce n'est

pas le cas. Notre cerveau prend alors des raccourcis
pour éviter de gaspiller une énergie précieuse, ce qui
fait que les décisions passent outre notre processus de
pensée conscient. La conclusion est que nous utilisons
le système 1 beaucoup plus souvent que nous ne le
pensons.

Heuristiques et erreurs de raisonnement

Comme nous venons de l'expliquer, les décisions
hâtives utilisant le système 1 peuvent entraîner des
erreurs de réflexion psychologique, nous amenant à
prendre de mauvaises décisions. Ce qui suit explique
exactement comment ce processus fonctionne.

Les gens ne sont pas aussi rationnels que nous le
croyons souvent. De nombreuses recherches ont
montré que les personnes calculatrices et au
comportement rationnel, l'homo economicus, ne sont
rien d'autre qu'un mythe. Le monde étant très
complexe, nous sommes confrontés à plus
d'informations que nous ne pouvons en traiter
consciemment. C'est encore plus vrai lorsqu'il s'agit de
questions et d'incertitudes financières.

Cela commence par les heuristiques. Une heuristique
est la procédure qui consiste à trouver une réponse
adéquate, mais généralement imparfaite, à une
question complexe d'une manière simple. Ainsi, une
question complexe est remplacée par une question
simple. C'est efficace, mais pas toujours correct.

L'utilisation d'heuristiques peut ensuite donner lieu à des biais cognitifs, des erreurs de pensée. Il s'agit de ne pas appliquer une règle logique, même si elle est clairement pertinente dans un cas particulier. Enfin, ces erreurs de pensée peuvent conduire à des décisions erronées.

Il n'est pas facile de prévenir les erreurs de pensée, car le système 1 fonctionne automatiquement et nous ne sommes donc pas toujours conscients des erreurs possibles. Si l'erreur de pensée est toujours présente, elle peut être évitée par un contrôle supplémentaire du système 2. Il est donc particulièrement utile de reconnaître les situations dans lesquelles des erreurs de réflexion peuvent se produire, afin d'en prendre conscience.

La section suivante donne 10 exemples d'heuristiques et d'erreurs de réflexion qui peuvent jouer un rôle dans les décisions prises lors du trading de crypto ou de NFT.

Exemples d'erreurs de raisonnement psychologique

Effet d'ancrage

L'effet d'ancrage est une erreur psychologique qui nous pousse à trop nous fier à la première information que nous recevons sur un sujet. Lorsque nous portons un jugement particulier, nous interprétons les nouvelles informations à partir du point de référence de notre "ancre", au lieu de les voir objectivement. Cela peut

fausser notre jugement et nous empêcher de mettre
continuellement à jour nos prédictions de manière
appropriée.

Par exemple, si vous lisez d'abord une information selon
laquelle une nouvelle crypto-monnaie connaîtra un
grand succès et vaudra certainement 100 dollars, cet
effet peut vous amener à prendre moins au sérieux des
informations plus négatives sur cette monnaie - par
exemple, une estimation d'une valeur maximale de
seulement 1 dollar - que vous lisez ensuite. Le chiffre
100 est alors utilisé dans notre esprit comme une "
ancre de comparaison " pour l'estimation que nous
faisons, alors que ce chiffre n'a pas besoin d'être
pertinent du tout ou est même complètement sorti de
nulle part.

heuristique de disponibilité

L'heuristique de disponibilité décrit notre tendance à
utiliser des exemples qui nous viennent rapidement et
facilement à l'esprit lorsque nous prenons des décisions
concernant l'avenir. Lorsque nous nous souvenons de
quelque chose de précis, nous lui accordons plus de
poids qu'à des données plus récentes, ce qui peut nous
amener à mal évaluer les risques et les opportunités.

Par exemple, si vous choisissez spécifiquement
d'investir dans le bitcoin parce que vous pensez que
vous pouvez faire beaucoup de profits avec cette
monnaie parce que vous avez lu partout dans les
médias que cette crypto-monnaie est montée en flèche

ces dernières années. D'un autre côté, si vous aviez basé votre choix sur une analyse approfondie des options, d'autres crypto-monnaies auraient pu émerger et vous permettre de faire beaucoup plus de bénéfices car elles avaient un potentiel de croissance encore plus important que le Bitcoin. Ainsi, de cette manière, votre estimation est influencée et les possibilités d'investissement sont limitées.

Effet d'entraînement

L'effet d'entraînement est une erreur psychologique qui consiste à faire quelque chose principalement parce que d'autres personnes le font. Vos choix s'alignent sur ce que font les autres et vos propres convictions sont ignorées dans le processus. Ce phénomène est également appelé comportement grégaire.

Nous observons ce phénomène par exemple lorsque des personnes achètent des crypto-monnaies ou des NFT uniquement en raison du battage médiatique et de la FOMO. Ils effectuent alors un achat sans faire de recherche eux-mêmes, en espérant gagner de l'argent rapidement. Malheureusement, cela s'avère souvent faux, entraînant des pertes.

Biais de confirmation

Le biais de confirmation décrit notre tendance sous-jacente à nous concentrer davantage et à accorder plus de valeur aux informations qui correspondent à nos propres croyances. Dans ce cas, les informations qui confirment les opinions existantes sont recherchées et

les données qui les réfutent sont ignorées. Les décisions
sont ainsi faussées en fonction de nos propres biais
cognitifs.

Cela se produit, par exemple, lorsque nous sommes très
haussiers à propos d'une crypto-monnaie particulière,
et que nous filtrons les informations négatives utiles qui
ne correspondent pas à nos propres idées. Cela peut
nous conduire à ne pas considérer les risques sérieux
dans les décisions.

Effet autruche

L'effet autruche consiste à ignorer les informations
négatives lors de la prise de décisions, en faisant en
quelque sorte l'autruche. Cet effet tire son nom de la
fable sur le comportement de vol d'une autruche, qui
mettrait sa tête dans le sable pour éviter de voir
l'ennemi, en supposant que le danger serait alors
également incapable de voir l'autruche.

Nous constatons que cela se traduit dans la pratique par
la tendance des investisseurs à éviter les informations
négatives. Par exemple, une étude a également révélé
que pendant les marchés baissiers, les investisseurs
sont moins susceptibles de regarder la valeur de leurs
investissements.

Biais des résultats

Le biais du résultat consiste à juger une décision en
fonction du résultat (déjà connu), sans tenir compte de
la qualité de la décision qui l'a précédée et des

informations qui étaient connues auparavant. Ainsi, la justesse d'une décision est jugée uniquement sur la base des conséquences de la décision, et prend en compte des informations qui n'étaient pas disponibles auparavant. Le fait que vous ayez obtenu un résultat positif ne signifie pas que la décision était bonne. Le danger est que vous preniez des décisions ultérieures sur la base des conséquences positives, qui peuvent s'avérer très différentes.

Par exemple, si vous avez investi dans un shitcoin parce qu'il a fait l'objet d'un battage publicitaire et que vous avez fait beaucoup de bénéfices, cela ne signifie pas que c'était une décision intelligente et que vous ferez à nouveau beaucoup de bénéfices à l'avenir de cette manière.

Effet de surconfiance

L'effet d'excès de confiance signifie que certaines personnes ont une trop grande confiance en leurs propres capacités, ce qui les pousse à prendre de plus grands risques dans la vie quotidienne.

Nous le voyons, par exemple, chez les traders qui présentent leur propre façon de trader et leurs stratégies comme le moyen d'obtenir des bénéfices improbables mais souhaités, sans tenir compte des risques encourus.

Préjugé favorable à l'innovation

Le biais pro-innovation implique la tendance d'un partisan d'un concept innovant à surestimer son utilité et à sous-estimer ses limites ou à ne pas les voir du tout.

Par exemple, les nouveaux projets de crypto ou de NFT sont souvent présentés comme innovants, porteurs de tendances et comme une nouvelle "hype", de sorte que les investisseurs ne tiennent pas compte de leurs limites ou de leurs faiblesses. Le fait qu'un certain projet soit innovant ne signifie pas qu'il est bien construit ou que l'équipe est fiable, alors que ce sont des points importants à considérer lorsque vous voulez investir dans quelque chose.

Biais de survie

Le biais du survivant est une erreur psychologique qui découle du fait que nous nous concentrons uniquement sur les exemples de "survivants", ce qui nous amène à mal évaluer une situation. Nous ne regardons alors que les résultats positifs, qui ne représentent souvent qu'un petit pourcentage de l'ensemble. Ainsi, le grand pourcentage de résultats négatifs est oublié et n'est pas pris en compte lors de la prise de décision.

Par exemple, vous pouvez penser qu'il est facile de gagner beaucoup d'argent avec des crypto ou des NFT, car vous n'entendez souvent que des histoires de réussite. Cependant, une grande partie d'entre eux subissent également des pertes.

Le parti pris du risque zéro

Le biais du risque zéro est une erreur psychologique selon laquelle nous préférons la certitude absolue au risque lorsque nous prenons des décisions, même si cela est désavantageux. Dans ce processus, les gens préfèrent éliminer complètement le risque, tout en évitant les alternatives plus risquées qui pourraient conduire à de meilleurs résultats. Cela peut conduire à des résultats plus négatifs, car de meilleurs résultats pourraient être obtenus si des risques étaient pris.

En d'autres termes, la prise de risque peut apporter des bénéfices plus importants que ceux obtenus lorsque les risques sont complètement évités. Plus tôt, Elon Musk a également souligné ce point :

 Il y a un énorme préjugé contre la prise de risques. Tout le monde essaie d'optimiser sa couverture du cul.

Par exemple, lorsque le marché baissier a fait son entrée au début de 2018, un grand mouvement de panique s'est produit et de nombreuses personnes ont vendu leurs bitcoins contre des devises pour se couvrir complètement des risques. Cependant, beaucoup de gens ont fait de grosses pertes en conséquence, alors que s'ils n'avaient pas vendu leurs crypto-monnaies à ce moment-là, ils auraient fait beaucoup de bénéfices maintenant.

Ce chapitre a expliqué pourquoi nous faisons de mauvais choix et a donné plusieurs exemples d'erreurs de réflexion psychologique lors du trading de crypto et de NFT. Il n'est pas facile d'éviter ces erreurs, car - même si nous pensons bien réfléchir - nous pouvons toujours nous tromper de manière prévisible.

Il est donc particulièrement bon de reconnaître les situations dans lesquelles des erreurs de pensée psychologique peuvent se produire, afin d'en prendre conscience et d'éviter les pièges pour prendre des décisions de meilleure qualité. Ne manquez donc pas d'en profiter !

Prêts sous-collatéralisés

Lorsque vous souhaitez emprunter des crypto-monnaies sur une plateforme créée à cet effet, vous devez souvent fournir des garanties. En effet, comme il n'y a pas d'intermédiaire, les utilisateurs doivent pouvoir se faire confiance. Cependant, cela signifie que tout le monde ne peut pas emprunter de la crypto. Dans la plupart des cas, les riches peuvent emprunter encore plus, tandis que les pauvres sont laissés pour compte.

De nombreuses parties s'efforcent de trouver des solutions. Elles le font en développant de nouveaux protocoles qui contribuent à l'émission de prêts sous-collatéralisés. Il est possible de contracter un prêt en crypto-monnaie sans avoir à verser une garantie totale (ou aucune garantie).

J'explique ci-dessous tout ce que vous devez savoir sur les prêts sous-collatéralisés. J'aborde également toutes les catégories de "prêts sous-collatéralisés" et discute des protocoles qui leur appartiennent.

Les prêts cryptographiques, qu'en est-il ?
Emprunter et prêter des crypto-monnaies est une partie importante de DeFi (Decentralized Finance). Il existe de nombreuses plateformes différentes où vous pouvez prêter des crypto-monnaies à d'autres personnes ou emprunter des crypto-monnaies à d'autres personnes. Lorsque vous prêtez de la crypto, vous recevez un intérêt sur la crypto prêtée. Ces intérêts sont payés par

les personnes qui empruntent la crypto. Ils doivent
éventuellement payer des intérêts sur l'emprunt. Dans
la crypto, nous appelons cela "prêt".

Que sont les prêts sous-collatéralisés ?
Les prêts sous-collatéralisés sont des prêts en crypto
sans garantie ou avec une garantie inférieure à la valeur
des actifs empruntés. Normalement, vous devez détenir
de la crypto comme garantie avant de pouvoir
contracter un prêt. Comme tout fonctionne de manière
décentralisée, cela est nécessaire pour instaurer la
confiance. Cependant, cela garantit que tout le monde
ne peut pas contracter un prêt. Après tout, il suffit de
détenir juste assez de crypto. Cela crée un fossé entre
les riches et les pauvres.

Avec les prêts sous-collatéralisés, il est possible pour les
riches comme pour les pauvres d'emprunter des crypto-
monnaies. Selon de nombreuses personnes, les prêts
sous-collatéralisés ne remplacent pas les prêts
surcollatéralisés. Au contraire, ils s'adressent à un
marché entièrement nouveau et plus largement
distribué.

À première vue, cela peut sembler impossible. Après
tout, comment faire en sorte que les gens prêtent leurs
crypto-monnaies alors que d'autres n'ont pas à fournir
de garantie, ou une garantie inférieure, pour cela ? Bien
sûr, vous ne voulez pas que quelqu'un ne rembourse
pas vos crypto-monnaies. Pourtant, il existe déjà
plusieurs protocoles qui ont réussi à le faire.

Quels sont les protocoles de prêts sous-collatéraux ?
Il existe plusieurs protocoles qui proposent des prêts
sous-collatéralisés. Ils le font tous d'une manière
différente, et nous pouvons donc classer ces protocoles
en différentes catégories. Vous pouvez voir ci-dessous
de quelles catégories il s'agit, et à quels protocoles ils
appartiennent.

Scores de crédit natifs des crypto-monnaies
Les scores de crédit natifs des crypto-monnaies sont
idéaux pour les prêts personnels et la microfinance.
L'idée derrière ce modèle est de construire une identité
on-chain pour chaque utilisateur. L'historique des
utilisateurs est stocké, afin d'avoir une meilleure idée
du comportement des utilisateurs.

Ces informations sont nécessaires pour déterminer si
une personne doit être prise en considération pour un
prêt. S'il s'avère qu'une personne n'a pas payé (à temps)
plusieurs fois dans le passé, ces utilisateurs peuvent
être exclus des futurs prêts. Après tout, personne
n'attend les mauvais payeurs.

Cela concerne les données relatives à l'historique des
prêts, aux rendements agricoles, aux activités
commerciales, à la participation à la gouvernance, etc.
Dans le même temps, la vie privée des utilisateurs doit
être suffisamment garantie. Certains protocoles
résolvent ce problème en utilisant des technologies
telles que les preuves Zk. Les parties autorisées ne

peuvent alors voir que les résultats, tandis que les autres données restent protégées.

Les scores de crédit crypto natifs permettent aux personnes et aux protocoles de voir si quelqu'un peut être admissible à un prêt. Ils n'ont alors pas à payer la totalité de la garantie, de sorte que les protocoles au sein des scores de crédit crypto natifs contribuent au développement des prêts sous-collatéralisés.

Il s'agit de protocoles de crédit cryptographiques natifs bien connus :

LedgerScore (LED) ;
Credmark (CMK) ;
EasyFi (EZ) ;
Aile (WING) ;
Zoracles (ZORA) ;
Arc.
Évaluation des risques par des tiers.
L'évaluation des risques par des tiers est idéale pour les prêts personnels, la microfinance et le prime brokerage décentralisé. L'avantage de ce type de prêt est que le risque est distribué, laissant les utilisateurs avec un risque beaucoup plus faible. Il est donc intéressant d'utiliser des évaluations de risques par des tiers.

Dans ce modèle, un tiers (ni emprunteur ni prêteur) appelé évaluateur est choisi pour effectuer une évaluation de crédit. Pour cela, il est récompensé, mais il devra également renoncer à certains actifs. En cas de défaut de paiement, leur mise sera retirée en premier.

Ce modèle permet d'emprunter des crypto sans avoir à payer la totalité de la garantie. Cela ouvre de nombreuses possibilités. En même temps, un système de notation de crédit sur la chaîne est construit. Si un utilisateur ne parvient pas à payer ses prêts, cela sera stocké. Il sera alors de plus en plus facile pour les parties chargées de l'examen du crédit de rejeter les mauvais payeurs.

Le plus gros inconvénient de ce système se situe dans les premiers mois ou années. En effet, aucun système de notation n'a été mis en place à ce moment-là, ce qui rend difficile l'évaluation de l'éligibilité d'une personne à un prêt.

Comme les utilisateurs n'ont pas à payer la totalité de la garantie, les prêts évalués par des tiers font partie des prêts sous-collatéralisés.

Il s'agit de protocoles d'évaluation des risques par des tiers bien connus :

Chardonneret (GFI) ;
Dharma ;
Maple (MPL) ;
TrueFi (TRU) ;
Bloom (BLOOM).
Prêts flash

95

Les prêts flash peuvent être utilisés pour l'arbitrage, les échanges de garanties et la liquidité. L'avantage est que toutes les parties concernées récupèrent leurs actifs presque immédiatement et que le risque encouru est faible. Toutefois, les prêts flash ne peuvent souvent pas être utilisés à des fins personnelles.

Avec un prêt flash, les actifs empruntés doivent être remboursés au cours de la même transaction. Ce n'est donc pas pratique lorsque vous souhaitez contracter un prêt pour une plus longue période. En revanche, les prêts flash sont idéaux pour les traders qui veulent profiter des faibles fluctuations de prix entre différents DEX en combinaison avec un effet de levier (trading sur marge).

Ainsi, avec un prêt flash, vous n'avez pas besoin d'apporter une garantie supérieure au montant emprunté. C'est pourquoi les prêts flash font partie des prêts sous-collatéralisés.

Il s'agit de protocoles de prêts flash :

Aave (AAVE) ;
Dydx (DYDX) ;
Égaliseur (EQZ).

Les protocoles d'amorçage de réseaux personnels sont idéaux pour les prêts personnels. De plus, la probabilité de défaut avec ces types de protocoles est incroyablement faible. Les personnes qui souhaitent

emprunter des crypto-monnaies devront d'abord être
ajoutées par les membres du pool de prêt. Cela signifie
que la plateforme se développe de manière organique,
tout comme un réseau.

Il existe une grande confiance entre les membres du
pool. Tout le monde se connaît, ce qui permet d'exclure
plus facilement les mauvais payeurs. Pourtant, on
pourrait penser qu'il est difficile d'exclure les mauvais
payeurs de cette manière. Après tout, n'importe qui
peut ajouter et accepter de nouveaux membres. De
nombreux protocoles l'ont compris.

Si vous avez ajouté un mauvais payeur, vous pourriez
être pénalisé. Par conséquent, inviter des personnes
que vous ne connaissez pas peut être une plaisanterie
coûteuse. Le risque est tout simplement trop grand.

Il s'agit de protocoles d'amorçage de réseaux
personnels bien connus :

Acropole (AKRO)
Union (UNN)
Aave (AAVE)

Prêts d'actifs dans le monde réel
Contrairement aux autres protocoles, vous pouvez
utiliser les prêts sur actifs du monde réel pour, par
exemple, un prêt hypothécaire. En fait, vous pouvez
utiliser ce type de prêt pour tout actif du monde réel.

C'est assez unique, car le financement se fait entièrement sur la blockchain.

Les prêts d'actifs du monde réel sont représentés par des NFT sur la blockchain. Les NFT servent en partie de garantie pour le prêt. Vous pouvez donc comparer cela aux prêts hypothécaires émis par les banques. Dans ce type d'hypothèque, les bâtiments sont également la garantie du prêt.

Si l'utilisateur qui a emprunté l'argent ne peut plus payer son prêt, il peut être remboursé avec le NFT. Ces derniers peuvent être revendus. L'acheteur du NFT achète alors le certificat de propriété de l'actif réel sous-jacent.

Le plus grand défi réside principalement dans la liquidité et la réglementation. Il est facile de dire qu'un certain NFT représente la preuve de propriété d'une maison, mais les lois et réglementations locales doivent être en place. Aux Pays-Bas, par exemple, les NFT ne sont pas encore considérés comme une preuve légale de propriété. Par conséquent, beaucoup de choses devront changer avant que ces types de prêts puissent fonctionner à grande échelle.

Il s'agit de protocoles de prêt d'actifs bien connus dans le monde réel :

Centrifugeuse (CFG)
OpenDAO (SOS)

RealT (REAL)

Les NFTs comme garantie

Il existe également des protocoles dans lesquels vous pouvez utiliser les NFT comme garantie pour un prêt. Les NFT sont devenus incroyablement populaires ces dernières années, et beaucoup de ces types de jetons ont donc augmenté en valeur. Il peut donc être intéressant d'utiliser ces jetons pour des prêts.

Bien qu'il s'agisse d'une idée unique, il reste à voir si cela fonctionnera. Après tout, la valeur d'une NFT repose essentiellement sur le battage médiatique. La valeur d'une NFT-art peut très facilement s'effondrer comme un château de cartes. Il est donc difficile d'attacher une valeur aux NFTs qui sont mis en garantie.

Néanmoins, nous constatons un intérêt croissant pour ces types de prêts. Les NFT sont populaires, et les gens préfèrent les utiliser à des fins aussi diverses que possible.

Il s'agit de NFTs bien connus comme protocoles de garantie :

Helio (HLO)
Lendroid (LST)
Stater (STR)
Aave (AAVE)
YouHodler
NFTfi

Intégration du crédit hors chaîne
Pour les prêts personnels et la microfinance,
l'intégration du crédit hors chaîne est très utile. En
effet, ces types de protocoles disposent de beaucoup de
données provenant des utilisateurs et peuvent établir
des connexions entre d'autres protocoles. Il est donc
facile d'en savoir beaucoup sur certains utilisateurs.

Avec l'intégration du crédit hors chaîne, les données qui
se trouvent sur les serveurs centraux sont intégrées à la
blockchain. Il y a bien sûr beaucoup plus de données sur
les personnes disponibles hors chaîne, que sur la
chaîne. Les banques, les compagnies d'assurance et les
autres institutions financières suivent le comportement
des gens. Elles le font afin de déterminer si une
personne doit être autorisée à accéder à certains
services.

S'il s'avère qu'une personne ne paie jamais ses impôts
et ses primes à temps, un propriétaire pourrait
l'interdire. Le risque que le locataire potentiel ne paie
pas son loyer à temps est alors trop élevé.

En transférant ce type de données sur la blockchain, il
est plus facile de déterminer si une personne doit être
autorisée à obtenir un crypto-prêt. Les personnes qui
s'avèrent être solvables n'ont alors pas à fournir de
garantie, ou beaucoup moins.

Il s'agit de protocoles d'intégration de crédit hors chaîne bien connus :

Compteur (TELLER)

Prêts sur actifs numériques

Les protocoles de prêts d'actifs numériques sont idéaux pour le trading à effet de levier. Par conséquent, ces types de protocoles sont très similaires aux prêts flash. La différence, cependant, est que les actifs achetés sont placés dans un contact intelligent jusqu'à ce que le prêt soit remboursé. Si la transaction ne se passe pas bien, le contrat peut liquider la position, après quoi la perte est couverte par le protocole. Ensuite, le montant total est reversé au prêteur. Le prêteur n'a donc pas à se soucier du remboursement.

Il s'agit de protocoles de prêt d'actifs numériques bien connus :

Lendefi (LDFI)

Avec les prêts sous-collatéralisés, il est beaucoup plus facile d'emprunter des crypto-monnaies. Vous n'avez pas à fournir de garantie (ou beaucoup moins). Il existe plusieurs catégories au sein des prêts sous-collatéralisés. Il y a au total des dizaines de protocoles qui en font partie, dont les plus importants que vous avez lus ci-dessus.

Analyse en chaîne

Si vous comptez investir sur le marché des crypto-monnaies, vous pouvez tirer un grand profit de l'analyse on-chain. Dans ce chapitre, je vais vous expliquer ce qu'est l'analyse des données on-chain, comment l'appliquer et quels indicateurs vous pouvez utiliser.

Qu'est-ce que la blockchain ?
La technologie blockchain joue un rôle de plus en plus important dans nos vies, même si elle reste un abracadabra pour beaucoup de gens.

La blockchain est une base de données avec une chaîne de blocs. Les blocs contiennent les transactions approuvées. Avec toutes sortes de nouvelles transactions, de nouveaux blocs sont ajoutés à la chaîne.

Comme les blocs sont approuvés par d'autres utilisateurs, la marge d'erreur est extrêmement faible. Une fois exécutées, les transactions ne peuvent être annulées, ce qui accroît la sécurité.

Blockchain et Crypto
Vous savez maintenant un peu ce qu'est la blockchain, mais quel est son rapport avec les crypto-monnaies ? Le commerce avec de l'argent nécessite un haut degré de sécurité, qui n'était pas entièrement couvert dans les premières versions de la blockchain. À l'époque, vous

pouviez simplement dépenser vos pièces numériques deux fois, ce qui n'est bien sûr pas le but recherché.

Un système financier stable a besoin d'une base sûre et de transparence. En suivant les données, en montrant où les transactions sont effectuées et par qui, vous pouvez supprimer l'intermédiaire central du processus. Et c'est ainsi que la blockchain a rendu possible le commerce des crypto-monnaies.

Une blockchain n'est en fait rien d'autre qu'une collection de transactions, dont les actions sont enregistrées dans les blocs. La sécurité est assurée par les hachages, qui proviennent de l'algorithme de hachage sécurisé.

Pour les sceptiques et ceux qui ont des doutes sur un système financier numérique, peut-être que ces grands investisseurs vous feront changer d'avis.

Qu'est-ce que l'analyse en chaîne ?
Vous connaissez maintenant certaines connaissances de base, comme ce qu'est la blockchain et comment peut fonctionner un système de monnaie numérique basé sur cette technologie. Mais à quel moment est-il préférable d'entrer dans le jeu, les prix sont-ils prévisibles ? Qu'est-ce qui provoque la hausse ou la baisse des prix ?

L'analyse technique étudie l'action des prix, l'analyse fondamentale examine l'influence des facteurs externes sur la monnaie. Mais que fait l'analyse on-chain ? L'analyse on-chain se concentre sur l'analyse des données de la blockchain, afin que vous puissiez comprendre les éléments qui influencent l'action du prix.

Grâce à ces données, vous pouvez mieux évaluer l'évolution du prix de la monnaie numérique, afin de mieux y répondre. Nous appelons également cela déterminer le sentiment du marché.

Sachez que le trading de crypto-monnaies est toujours risqué, tout comme le trading d'actions. En effectuant des analyses, vous avez une meilleure idée de l'état de l'économie, de la valeur de la pièce et du résultat potentiel. Dans ce chapitre, je vais plonger plus profondément dans la réalisation d'analyses sur la chaîne, lisez-vous ?

Indicateurs d'analyse en chaîne

Bon, vous connaissez la définition maintenant, mais nous allons vraiment plonger dans le détail. Il existe de multiples indicateurs, mais ils se résument en fin de compte à deux mesures clés : le nombre d'adresses d'utilisateurs actifs et une augmentation ou une diminution du nombre de transactions.

Commençons par quelques indicateurs d'analyse, car ils indiquent qui est actif sur le marché des crypto-monnaies et quel type d'actions ils entreprennent. Il s'agit de trois indicateurs populaires, qui sont

également excellents à analyser avec un outil, tel que
Glassnode :

- CDD - Journées de pièces détruites
- SOPR - Spent Output Profit Ratio (ratio de
  rentabilité de la production)
- SOAB - Bandes d'âge de la production usagée

Outre ces trois indicateurs on-chain, vous en avez
beaucoup d'autres, tels que les profits/pertes réalisés,
les profits/pertes non réalisés, le stablecoin, la vivacité,
l'ASOL, le NVT, etc.

Jours de pièces détruites
Il s'agit d'une mesure utilisée pour calculer la date de la
dernière transaction d'une pièce. Plus une pièce est
inactive longtemps, plus ce facteur pèse lourd. Ainsi,
chaque jour où une pièce n'est pas déployée sur le
marché compte pour un jour de pièce.

Pourquoi est-il important de le savoir ? Parce que si un
nombre relativement important de pièces numériques
sont échangées, il se passe quelque chose sur le
marché. Cela peut être positif ou négatif, mais il se
passe quelque chose. Si le prix est en hausse et que le
CDD augmente, vous pouvez vous attendre à ce que les
joueurs HODL veuillent en profiter pour remettre leurs
pièces en échange d'un gros bénéfice.

S'il y a une hausse du marché, mais peu de changement
dans le CDD, alors c'est le signal d'un marché haussier.

Cela signifie que les investisseurs choisissent de conserver leur monnaie, et qu'ils sont donc confiants dans leur choix.

Enfin, il y a la tendance latérale, qui correspond à une situation où il n'y a pas de fluctuations de prix et où le marché est assez stable. Les investisseurs vont-ils racheter les pièces - donc le CDD augmente - alors ils ont perdu leur enthousiasme et vont chercher un investissement plus intéressant.

Calcul de l'incitateur CDD

Le calcul de la valeur de l'indicateur CDD est le suivant : le nombre de pièces émises x la durée de vie de ces pièces. Un exemple : 3 BTC qui ont été inactifs pendant 100 jours ont collectivement accumulé 300 jours de pièces.

Ratio de rentabilité de la production consommée

Le deuxième indicateur que nous allons aborder est le SOPR. Il représente l'ensemble des pertes et des gains des pièces qui sont repositionnées sur on-chain. Il est lié au segment macro du marché, grâce à sa représentation de la rentabilité et des pertes subies, dans une certaine période de temps.

Vous mesurez cet indicateur en mesurant les pièces qui ont bougé au cours de la période considérée. Cela peut être une heure, un jour ou une semaine, pour n'en citer que quelques-uns. Vous regardez spécifiquement la valeur fiat au moment de la création de l'UTXO ainsi que la valeur de l'UTXO lorsqu'il est émis. L'UTXO est le produit de la transaction non dépensée.

Calcul de l'indicateur SOPR

Le calcul de cet indicateur est le suivant : diviser la valeur réalisée de la production en USD par la valeur à la création de l'UTXO original en USD. Plusieurs résultats sont possibles :

SOPR > 1 - le prix de vente est supérieur au prix d'achat
SOPR < 1 - le prix de vente est inférieur au prix d'achat
SOPR = 1 - les pièces sont vendues au seuil de rentabilité.
La tendance à la hausse du SORP représente des gains et la remise en circulation de pièces illiquides
La tendance inférieure du SORP représente des pertes et/ou le fait que les pièces rentables ne sont pas émises.

Bandes d'âge de la production dépensée

Cet indicateur SOAB est une mesure qui classe les pièces déjà émises dans des catégories, en fonction de leur âge et de leur couleur, en pourcentage du nombre total de pièces déplacées.

En étant conscient des bandes d'âge des sorties, vous pouvez évaluer s'il y a des périodes, où les transactions sont dominées par des pièces plus jeunes ou plus anciennes. Cela signifie que vous pouvez voir intelligemment si les mouvements du marché sont

influencés par les HODL'ers ou par les nouveaux
participants du marché cryptographique.

Les couleurs plus froides prévalent lorsque la plupart
des échanges concernent des pièces anciennes. Si des
pièces plus jeunes en particulier sont actives, alors vous
obtenez une image plus chaude. Vous pouvez spécifier
l'analyse en activant ou désactivant les éléments de la
légende dans Glassnode.

Calcul SOAB

Le calcul du SOAB se fait de la manière suivante : vous
calculez d'abord l'âge des pièces émises au cours d'une
certaine période, par exemple une heure. Ensuite, vous
allez voir comment ce nombre se compare au nombre
total de pièces dépensées, afin d'avoir un pourcentage à
portée de main. Vous pouvez sélectionner toute une
série de périodes, notamment : <1 heure, 1-24 heures,
semaines, mois, trimestres, années jusqu'à >10 ans.

Qu'est-ce que Glassnode ?

Maintenant que nous en savons un peu plus sur les
indicateurs on-chain, et que j'ai déjà fait intervenir
Glassnode à plusieurs reprises, je veux vous présenter la
puissance de cette plateforme de données et
d'intelligence on-chain. Ce fournisseur vous donne
accès à toutes les données on-chain pour vous, car vous
pouvez accéder aux chiffres de toutes sortes de
blockchains différentes.

La lettre d'information de Glassnode est entièrement gratuite, elle vous tient au courant de l'état du marché des crypto-monnaies sur une base hebdomadaire avec des chiffres utiles et des vidéos cool. Si vous voulez vraiment faire quelque chose de votre trading sur la blockchain, un abonnement payant est une meilleure idée.

À la fin de l'année dernière (décembre 2021), j'ai écrit un article détaillé sur les services et les produits de Glassnode.

Les avantages de cet outil :
- Grand nombre de métriques
- De nombreux actifs soutenant
- Des données précises sur la chaîne
- Facile à appliquer

Comment appliquer l'analyse sur la chaîne ?
Toutes les données sur la blockchain, mais aussi sur les crypto-monnaies, sont totalement transparentes, ce qui vous permet d'analyser en profondeur dans quel sens évolue le marché. Cela vous donne un aperçu de la raison de la hausse ou de la baisse des prix. Utilisez l'outil intelligemment et ne supposez pas qu'il résoudra sans effort tous vos problèmes, car ce n'est évidemment pas ce à quoi il est destiné.

Bien sûr, c'est aussi une image assez logique, car s'il n'y a pas de mouvement sur le marché et que de nombreuses adresses et pièces sont inactives, alors c'est un marché latéral et stable. Si, à travers votre analyse, vous voyez le nombre d'adresses actives et le nombre de transactions en crypto-monnaies augmenter, alors vous pouvez attendre et voir que quelque chose se passe. Il y a une demande croissante, ce qui entraîne souvent une hausse des prix également.

Sources alternatives pour l'analyse des crypto-monnaies ?
Outre Glassnode, vous pouvez également suivre les nouvelles, par exemple via Twitter.

Il s'agit de comptes qui ont beaucoup à dire sur les graphiques, les mesures sur la chaîne et d'autres questions analytiques :

- @100trillionUSD - "Tous les modèles sont faux, mais certains sont utiles"
- @woonomic - "#Bitcoin analyste"
- @chartsBtc - "Un bitcoiner avec un tableur"
- @CaitlinLong_ - "Fondatrice et PDG de la banque Custodiabank. Vétéran de 22 ans à Wall Street"
- @pierre_rochard - "Produit @KrakenFX, conseiller @RiotBlockchain."
- @Rhythmtrader - "#Bitcoin"
- @finhamsterdam - "Expert en réglementation/conformité des paiements et de l'argent numérique".

Bien que l'analyse on-chain fournisse de nombreuses informations précieuses, vous permettant de prendre de meilleures décisions quant à votre capacité de négociation, elle n'est pas la solution pour réaliser de gros profits. Vous aurez vraiment besoin de vos connaissances, de votre expérience et de votre bon sens pour parvenir à un jugement fiable.

Grâce à ce type d'analyse, vous aurez un aperçu des mouvements du marché et vous saurez pourquoi les prix montent et descendent. Ces informations sont précieuses, car vous pouvez les utiliser dans votre décision d'acheter ou de vendre des pièces numériques.

Produits dérivés

Les investisseurs ont souvent un portefeuille diversifié, qui se présente sous différentes formes et tailles. Les produits dérivés sont des instruments d'investissement qui suivent un actif sous-jacent. Vous pouvez conclure un contrat portant sur des matières premières, une devise particulière ou un indice.

Dans ce chapitre, je vais vous expliquer la définition des produits dérivés, comment les négocier et quels sont les risques. Une fois les bases couvertes, nous nous plongerons également dans les dérivés cryptographiques, car c'est pour cela que vous êtes venu ici. Pas vrai ?

Que sont les produits dérivés ?

Vous seriez surpris du nombre de fois où les gens cherchent sur Google la signification exacte des produits dérivés. En fait, littéralement, dérivé ne signifie rien d'autre que dérivé, mais bien sûr, cela ne veut rien dire, alors plongeons un peu plus loin.

Les options, les contrats à terme et les swaps sont tous des instruments d'investissement, que l'on appelle également des produits dérivés. Ces produits dérivés suivent un actif sous-jacent, comme les matières premières, les actions ou les devises. Si les prix de la valeur concernée augmentent, les prix du produit dérivé augmentent également, et vice versa.

Les produits dérivés sont conçus pour réduire le risque pour l'acheteur, car en achetant un produit dérivé, vous avez le droit d'acheter ou de vendre quelque chose à un certain prix.

L'histoire des produits dérivés

L'origine de ces instruments d'investissement remonte au XVIe siècle, lorsque les agriculteurs ont voulu couvrir les risques liés à leurs produits agricoles. Au Moyen Âge, il existait un marché de produits dérivés super célèbre : la bourse des tulipes d'Amsterdam.

Un cultivateur de tulipes voulait être assuré de la vente de ses bulbes, afin que les mauvaises récoltes ou les baisses de prix ne le fassent pas souffrir. Il a conclu un accord avec un négociant, dans lequel un prix a été convenu. Bien entendu, il s'agissait d'un risque pour les deux parties, car le prix était inférieur à celui que l'agriculteur pouvait demander en cas de bonne récolte, mais supérieur à celui qu'il pourrait obtenir en cas de mauvaise récolte.

Cette fixation de prix est appelée un produit dérivé, puisque l'actif sous-jacent était une récolte de tulipes. L'agriculteur a intelligemment réduit son risque en concluant un accord intéressant.

Le grand engouement pour les tulipes

L'automne 1636 a vu un drame majeur se dérouler dans l'une des plus riches maisons de marchands d'Amsterdam, selon wikipedia. Les passants ont vu des

employés du riche seigneur courir de long en large,
mettant tout sens dessus dessous. Ils étaient à la
recherche d'un bulbe de tulipe.

Vous pensez peut-être maintenant, un bulbe de tulipe ?
Pourquoi tout ce drame pour une fleur, mais ce bulbe
avait une valeur de 3000 florins. Cela équivaut à plus de
600 000 € dans la société d'aujourd'hui, vous pouvez
donc imaginer la misère que cela a dû représenter.

La tulipe est devenue un symbole de statut et un objet
de spéculation.

Les investisseurs expérimentés utilisaient
intelligemment les fluctuations de prix, car en
spéculant, on peut rendre un contrat beaucoup plus
lucratif. La frénésie des tulipes dans la République
néerlandaise en est un exemple typique !

Comment fonctionnent les produits dérivés ?
Les produits dérivés peuvent générer de gros profits,
mais aussi plonger dans le rouge.

Comment cela est-il possible ?
En raison de l'effet de levier. Supposons que vous
concluez un accord pour un certain prix, parce que vous
vous attendez à ce que ce prix augmente. Si, par la
suite, les prix n'augmentent pas, mais au contraire
baissent. Vous vous êtes alors fait du mal, car c'est ce
que vous ressentez dans les journaux.

Comment investir dans les produits dérivés ?

Les produits dérivés peuvent être négociés de différentes manières, à savoir via la bourse ou mutuellement. Cette négociation mutuelle, en dehors de la bourse, est également appelée OTC : over the counter.

Grâce aux contrats standardisés, les transactions sont faciles et la liquidité est élevée, ce qui est intéressant pour l'investisseur.

Je pense qu'il est utile de passer d'abord en revue les différents types de produits dérivés, afin de savoir à quoi il faut faire attention. Dans notre système financier, les produits dérivés sont devenus indispensables sur le marché boursier, alors soyez attentifs !

Les différents types de produits dérivés

Les produits dérivés se présentent sous toutes les formes et toutes les tailles, mais ne sont certainement pas destinés aux novices du marché de l'investissement.

Il existe des turbos, des speeders, des boosters et des sprinters, mais aussi des options d'achat et de vente, des options binaires, des CFD, des warrants et bien plus encore.

Dans ce chapitre, nous ne couvrirons que les types de dérivés les plus connus, à savoir :
- Options

- CFDs
- Futures
- Swaps
- Options

Une option est un produit financier. Elle donne à l'acheteur de ce produit le droit d'acheter ou de vendre un actif sous-jacent à un prix déterminé. Cela ressemble à l'histoire du cultivateur de tulipes d'Amsterdam, que j'ai décrite plus haut.

Lors de l'achat d'un tel produit dérivé, une date d'expiration est immédiatement fixée, donc une sorte de date limite. L'actif sous-jacent peut être une action, une matière première ou un certain indice et la valeur de l'option est donc basée sur le prix de cet actif sous-jacent.

CFDs

Investir dans les CFD est de plus en plus populaire. CFD est l'abréviation de "Contract For Difference". Le contrat est conclu entre le courtier et l'investisseur et, contrairement aux autres options, il ne vous donne pas le droit de posséder l'actif sous-jacent. Si le prix monte, vous avez droit à une distribution de bénéfices et si le prix baisse, vous êtes obligé de payer.

Ce que vous faites en réalité avec les CFD, c'est spéculer sur une hausse ou une baisse des prix, au moyen d'un levier.

Futures

Un future est un contrat à terme, par lequel l'acheteur et le vendeur concluent un accord. Cet accord contient un moment et un prix, auxquels le produit financier sous-jacent est transféré. Il s'agit donc d'un engagement sérieux que vous ne devez pas prendre sans connaissance et sans expérience.

Vous achetez des contrats à terme sur des produits de base, comme l'or, l'argent et le pétrole. Vous pouvez également placer votre argent dans des obligations d'État et des indices boursiers, tout dépend de ce que vous trouvez intéressant.

Swaps

Les swaps sont des produits financiers dans lesquels deux parties échangent quelque chose. Vous pourriez penser, hein ? Les flippos sont-ils revenus du passé, mais non, nous parlons d'échanger des paiements d'intérêts.

Un produit dérivé est utilisé pour couvrir le risque de taux d'intérêt ou prendre une position particulière. La valeur dépend du taux d'intérêt pendant le swap, vous pouvez donc imaginer qu'il s'agit d'un investissement très sensible au temps.

Dérivés de crypto-monnaies

Après cette très longue introduction, où je vous ai enseveli sous de nombreuses connaissances, je vais maintenant vous parler un peu des dérivés crypto. Je vous ai déjà dit plus haut que les produits dérivés suivent un actif sous-jacent, comme une matière première ou une monnaie. Cette devise n'est pas forcément l'USD, mais peut aussi être une crypto-monnaie.

Le marché des crypto se développe à pas de géant chaque jour, ce qui attire également l'attention des investisseurs en produits dérivés. Les dérivés crypto ouvrent un nouveau monde aux investisseurs, en raison de leur flexibilité et de leur facilité de négociation.

Vous pouvez acheter ces produits dérivés à la fois en bourse et de gré à gré (OTC). Le tout premier dérivé de crypto-monnaie a été lancé en 2012 sur le forum Bitcoin. L'initiateur était un courtier nommé Satoshi Option, mais cela s'est terminé par un sifflement.

Par la suite, plusieurs produits ont été lancés en 2017, qui se sont avérés durables. LedgerX a été le premier à négocier avec succès des produits dérivés du bitcoin. Ils ont échangé plus d'un million de dollars sur la bourse dès la première semaine.

Dérivés DeFi
Pendant que nous sommes sur la scène numérique, abordons également les produits dérivés dans le monde de DeFi. DeFi est l'acronyme de Decentralized Finance, qui, à mon avis, est l'avenir de notre système financier.

Les enthousiastes sont convaincus que ces produits dérivés de DeFi présentent encore plus d'avantages, que toute autre forme d'investissement. Les meilleurs contrats intelligents viennent à l'esprit, mais qu'y a-t-il d'autre de si spécial dans ces outils d'investissement dans le monde de DeFi ?

Risques liés à la négociation de produits dérivés. Vous êtes peut-être en train d'ouvrir votre portefeuille pour investir dans des produits dérivés, mais êtes-vous conscient des risques ? Après tout, il n'y a pas que le soleil et les roses ! Voici les principaux risques dont vous devez être conscient en tant qu'investisseur :

Grâce à l'effet de levier, vous pouvez constater d'énormes différences dans votre capital investi. Une petite fluctuation du prix peut avoir un grand impact sur vos actifs grâce à l'effet de levier.

En particulier dans le domaine des crypto-monnaies, il faut bien sûr être vigilant, en raison de la volatilité. Dans de nombreux cas, vos pertes peuvent être illimitées, ce qui peut vous laisser profondément endetté ;

La valeur des produits dérivés est basée sur ce que fait le marché. Par conséquent, les contrats suivent le prix, mais sont tout simplement vides de contenu. Si le marché s'effondre, comme c'est le cas de temps en temps, les positions sur les produits dérivés s'effondrent. Si vous voulez en savoir plus sur les cycles économiques, je vous recommande vivement les livres et le contenu de Ray Dalio. Très instructifs !
Les produits dérivés sont des produits financiers extrêmement complexes. En tant que débutant, veillez à ne pas vous lancer à l'aveuglette. Informez-vous, lisez et ne négociez que lorsque vous avez acquis suffisamment de connaissances !
Des coûts élevés lors de la négociation de produits dérivés. Si vous investissez dans une action via DEGIRO ou si vous achetez des pièces numériques via Bitvavo, les coûts sont souvent nuls. Il en va autrement pour les produits dérivés. Selon le type de produits dérivés sur lesquels vous vous mettez d'accord, les coûts peuvent être assez élevés.

Comme vous avez pu le lire dans ce chapitre, investir dans des produits dérivés est une affaire complexe. Il existe un certain nombre de risques que vous ne pouvez et ne voulez pas prendre pour acquis. Il existe différents types de produits dérivés, que vous pouvez acheter de deux manières différentes. Je vous ai fait découvrir l'évolution de ces instruments de placement jusqu'à aujourd'hui, afin que vous ayez un bon aperçu de l'évolution du secteur financier.

Outre les produits dérivés classiques, vous disposez également de produits dérivés assez nouveaux, à savoir les crypto et les contrats DeFi. Ceux-ci s'assemblent de manière légèrement différente, mais comportent tout autant de risques. Bien sûr, investir est toujours risqué, mais les produits dérivés sont vraiment destinés aux investisseurs sérieux et expérimentés.

Votre livre GRATUIT

Si vous voulez faire un début profitable dans le monde des crypto-monnaies, assurez-vous de télécharger notre bonus gratuit avec **12 conseils extrêmement précieux pour les débutants !**

Avec ce livre et ces conseils, vous êtes assuré de prendre un bon départ dans vos futurs investissements !

Inscrivez-vous ici pour obtenir un accès instantané et lancer votre succès en crypto :

https://campsite.bio/stellarmoonpublishing

ESSENTIAL
TRADING TIPS
2021-2022
12 VALUABLE
TRADING TIPS
FOR BEGINNERS
Stiller Moon Publishing

Notre cours Crypto Expert Trading

Vous cherchez une nouvelle façon d'investir ?

Vous cherchez à gagner de l'argent ?

Vous souhaitez investir mais ne savez pas par où commencer ?

Vous voulez commencer votre trading de crypto avec les connaissances d'experts réputés en finance et en investissement ?

124

Le cours Expert Trading crypto est le cours le plus complet sur le trading et l'investissement avec les crypto-monnaies. Vous apprendrez à trader en seulement quelques minutes par jour. Nous vous enseignons tout, de l'analyse technique à la gestion des risques, et bien plus encore.

Notre objectif est de vous aider à devenir un trader performant afin d'assurer votre avenir financier.

Investir n'a jamais été aussi facile grâce à notre plan d'action étape par étape qui enseigne aux débutants comment trader comme un expert - avec la possibilité de réaliser d'énormes profits !

La meilleure partie de ce cours est enseignée par des experts. Alors, qu'attendez-vous ? Commencez dès aujourd'hui !

Pour plus d'informations, consultez ce lien :

https://payhip.com/b/ork8N

125

9 789949 329836 1